어둠을 지나 미래로

어둠을 지나 미래로

박근혜 회고록 ◇ 1

침묵을 깨고 역사 앞에 서다

박근혜 지음

중앙books

이곳 대구 달성으로 돌아온 지 벌써 1년 6개월이 넘어간다. 이곳에서의 일상은 매일매일 새롭다. 간단한 아침을 먹고 나면, 재활과 운동으로 나의 일과는 시작된다. 틈틈이 책을 읽기도 하고, 정원을 걷기도 한다. 비슬산이 가까이 있어 정원에 날아오는 후투티와 딱새 등 산새들을 바라보거나, 정원에 새로 심은 산딸나무, 모감주나무, 쑥부쟁이 등을 바라보고 있으면 단조롭지만 평온한 일상이 새삼 감사하게 느껴진다.

2022년 가을 무렵, 중앙일보의 인터뷰 요청과 회고록 제안을 받고 흔쾌히 수락하기보다는 망설임이 많았다. 당시 몸 상태도 완전히 회복되지 않았고, 이제는 정치를 떠나 초야에 묻힌 내가 비교적 근간의 정치사를 풀어놓음으로써 오히려 또 다른 오해를 불러일으키지는 않을까 하는 우려도 있었다.

그런데도, 최종적으로 회고록을 집필하기로 마음먹었던 가장 큰 이유는 다름 아닌 대통령을 지낸 사람으로서의 의무감 때문이었다. 내가 헌정사에 유일하게 탄핵으로 퇴임한 대통령이지만, 재임 시절의 이야기와 그 이후의 이야기를 옳고 그름의 판단을 넘어 있는 그대로 들려드리는 것이 국민에 대한 도리라고 생각했다. 이 책을 내는 것은 나의 지난 정치 인생에 대한 회한 때문도 아니며, 스쳐 간 인연들에 대한 원망 때문도 아니다.

지금 돌이켜 생각해보면 후회스러운 결정이나 잘못 판단했다고 생각되는 것은 그것대로, 다시 그 시절로 되돌아간다고 해도 똑같은 결정을 했을 것으로 생각하는 것을 그대로 담백하고 진솔하게 이야기를 드리고 싶었고, 최대한 그렇게 했다고 본다.

매 순간순간 내가 느꼈던 감정의 편린은 1인칭 시점에서 서

술할 수밖에 없었지만, 사실(事實) 부분은 사료(史料)를 남기는 사관(史官)의 마음으로 최대한 객관적이고 공정하게 쓰려고 노력했다.

이 책의 주(主)된 내용은 제18대 대선이 끝난 2012년 말부터 2022년 3월 이곳 대구광역시 달성 사저로 내려오기까지의 약 10년에 걸친 이야기다. 대통령으로 당선된 후, 국정을 운영하면서 한·일 위안부 합의, 개성공단 폐쇄, 사드 배치, 지소미아 체결, 공무원연금 개혁 등 대통령으로서 여론에 맞서 고독한 결정을 할 수밖에 없었던 이유와 그때마다 온 힘을 다해 준 각료와 참모들의 이야기, 그리고 상상조차 하지 못했던 가까운 이의 일탈로 인한 탄핵과 그 이후 4년 9개월간의 구치소에서 겪었던 극한의 날들에 관한 이야기다.

대통령의 자리에 있었기 때문에 차마 하지 못했던, 때로는 해서는 안 되었던 그 이야기들을 담담하게 담아보았다.

대통령으로서 이 나라를 위해 후회 없이 일했다. 비록 부족하고 때로는 잘못된 판단이 있었을지는 몰라도, 정말 나라를 위해 나를 아끼지 않았던 시간이었다. 국민의 삶이 안정되고, 국민 개개인이 행복해질 수 있게 만드는 것이 대통령으로서

해야 할 책무라고 생각했고, 외교, 국방, 안보 등이 함께 어우러져야 나라의 발전이 이루어질 수 있다고 믿었기에 단 1분의 대통령의 시간도 허투루 쓰지 않았다.

권력은 허무한 것이라는 말도 있지만, 나는 그렇게 생각하지 않는다. 대통령이 되고자 했던 목표가 있었고, 대통령이 되어서 그 목표를 이루고자 최선을 다해 일부라도 이를 해 놓을 수 있었기에 나는 권력이 결코 허무하다고 생각하지 않는다. 다만, 국민이 내게 맡겨주셨던 대통령으로서의 소임을 다하지 못한 채 퇴임함으로써 헌정 중단을 가져온 그 결과에 대해서 송구할 뿐이다.

이제는 나의 탄핵과 수감 시간은 모두 과거의 일이 되었다.

흔히들, 역사는 과거와 현재의 대화라고 한다. 나는 그 과거와 지금 현재는 앞으로의 미래를 여는 실마리일 수밖에 없다고 생각한다.

지금도, 나는 여전히 미래를 바라보고 있다. 그 미래는 내가 정치인으로 사는 삶을 이어가는 미래가 아니다. 대통령으로서 겪은 나의 지난 경험을 그것이 공(功)이든 과(過)이든 그대로 들려줌으로써, 앞으로 우리나라의 정치가 이를 밑거름 삼아 지금보다는 더 성숙하기를 바라고, 이런 성숙한 정치를 기반으로 우리나라 국민이 지금보다 더 나은 삶을 살아가는 그런 미래다.

그렇게만 된다면 나는 더 바라는 것이 없다.

지금 우리나라는 저출산 고령화로 국가 성장 동력을 잃어버릴 위험에 직면해 있고, 우리 사회의 여러 갈등은 그 어느 때보다 고조되어 있어 사회 통합을 저해하고 국가 발전을 가로막고 있다.

하지만 나는 언제나 그랬듯이, 우리 위대한 국민은 서로 화합하여 이 모든 어려움을 이겨내고 미래를 향해 다시 도약할 것이라고 굳게 믿는다. 우리나라와 국민을 위해 대통령으로 일할 기회를 주신 국민 여러분께 감사드린다.

이 책의 출간을 위해 지난 9개월 동안 구술을 정리하고, 초고의 오·탈자 교정 등을 맡아 고생한 중앙일보 김정하 논설위원, 유성운 부장, 손국희 기자의 노고에 감사를 드리며, 방대한 자료를 정리해서 보내주신 이동찬 변호사와 처음 기획부터 마지막 교정까지 온갖 노력을 아끼지 않았던 유영하 변호사에게도 깊은 고마움을 표한다. 역사는 반복된다고 하지만, 불행한 역사는 더는 반복되지 않았으면 한다.

이제 정치인으로서의 파란 많았던 삶을 내려놓고, 소소한 삶의 홀가분함을 느끼고 싶다.

국민 여러분, 감사합니다.

2024년 봄, 박근혜

서문 4

1장 ◦ **정치**

매일 달리는 차 안에서 김밥… 식탁에 앉자 어지러웠다 15 | "박근혜 떨어뜨리러 나왔다"는 이정희 31 | 내가 재계의 로비를 받은 것처럼 비난한 김종인 47 | 첫 개각, "그가 내 앞에서 울먹였다" 55 | 가슴이 아팠던 총리 잔혹사 70 | 검찰총장의 혼외자 파동 93 | 통진당 해산을 반대한 문재인 109 | "그는 내가 평소 알던 진영이 아니었다" 123 | '세월호 7시간'의 황당했던 루머 138 | 최서원이 세월호 사건 당일 청와대로 들어온 이유 151 | 교육부 장관의 '황제 라면'의 진실 162 | 청와대 비서관들을 막후조종한다는 정윤회? 173 | 사설 정보지 같은 박관천의 거짓 문건 187 | 아쉬웠던 공무원연금 개혁 197 | 유승민의 연락 두절 214 | 너무나 안타까운 2016년 233 | 조선일보와 우병우 247

2장 ◦ **외교안보**

개성공단 폐쇄 255 | "뭔 결렬"이냐며 팔을 붙잡은 김양건 274 | 북에 울려 퍼진 '소원을 말해 봐' 293 | 사드(THAAD) 303 | 태영호 귀순과 장성택 숙청 318 | 카디즈 보라매 사업 324 | 지소미아, 대통령으로서 마지막 결단 338 | 영국, 프랑스, 러시아와 이란, 아프리카 350

부록 옛 사진들 377

서문 4

"위안부 합의에 대한 설명 들은 적 없어" 기가 막혔던 윤미향 15 | 커터칼 테러와 아베의 쇠고기 34 | 첫 방미의 아쉬움 44 | 아베를 압박한 오바마 62 | "이런 식이면 FTA 못한다"에 당황한 중국 81 | 중국 전승절과 구석으로 밀려난 북한 대표단 96

3장 ◦ 정책

창조경제 109 | 규제 개혁 122 | 영남권 신공항 130 | 한 장의 사진이 괴담을 만든 메르스 136 | 국정 교과서를 결심한 이유 148 | 정수장학회 167

4장 ◦ 어둠을 지나 미래로

"대통령님, 비덱이 뭐예요?"라던 최서원, 그녀를 믿었다 175 | "이러려고 대통령을 했나" 195 | 탄핵에 찬성한 의원들 215 | "왜 더러운 사람을 만들려고 하냐"에 중단된 조사 236 | 아직 진실을 말하지 않는 최서원 258 | "한 가지만 사실대로 말하지 않았다" 271 | 주 4회 재판, 야만의 시간 289 | "최서원이 모든 인사를 했다"는 거짓 선동 304 | 모든 걸 내려놓고 참고 견디었다 317 | 동생의 면회도 거절했다 334 | 일상으로 돌아왔지만… 349

유영하 변호사가 본 박근혜 전 대통령 359
박근혜 전 대통령 주요 일지 372
부록 옛 사진들 385

1장

정치

매일 달리는 차 안에서 김밥…
식탁에 앉자 어지러웠다

1979년 아버지께서 돌아가신 이후 18년간 세상과 거리를 두며 살고 있던 나를 정치의 무대로 이끈 결정적 계기는 1997년 연말 IMF 사태였다. 평소 같으면 크리스마스 시즌을 맞아 성탄 트리와 캐럴로 한창 들떠야 할 서울 도심이 당시 국가 부도 때문에 무척 썰렁했다. 그 장면을 보고 "아버지와 국민들이 어떻게 일으켜 세운 나라인데 이 지경이 됐나" 하는 비감한 심정에 잠겨 눈시울을 붉혔던 기억이 난다. 그 무렵 대선을 목전에 두고 한나라당에서 영입 제안이 들어와 신중히 고민했는데, 국가 위기를 극복하고 나라를 다시 반석 위에 세우는 데 내가 기여하지 못한다면 나중에 굉장히 큰 후회를 할 것 같았다. 그래서 한나라당의 제안을 수락했다.

2004년에도 위기가 찾아왔다. 당시 탄핵 역풍을 맞고 한나라당이 수렁에 빠지자 그해 4월 총선을 한 달도 안 남겨 놓고 나에게 당을 맡아 달라는 요청이 여기저기서 들어왔다. 정치적으로 굉장히 어려운 상황이었지만 당원들의 기대를 저버릴 수 없었다. 나는 몸을 사리지 않고 한나라당 대표를 맡아 천막당사에서 17대 총선을 치렀다. 시민들과 악수하느라 손이 퉁퉁 부었지만 이를 악물고 손에 붕대를 감고 선거 현장을 누볐다. 다행히 결과가 나쁘지 않아 한나라당은 몰락의 위기에서 벗어났고, 2007년 정권교체를 향한 교두보를 마련할 수 있었다.

2011년 8월 오세훈 서울시장이 무상급식 주민투표 실패를 이유로 시장직에서 물러나면서 당에 먹구름이 끼기 시작했다. 나는 무분별한 포퓰리즘 복지는 확고히 반대하지만, 무상급식 문제는 지자체의 사정에 맞게 실시하면 된다는 생각이었다. 시장직을 걸면서까지 정치쟁점화할 사안은 아니라고 판단했다. 그래서 나는 무상급식 주민투표의 공방 과정에 일절 개입

2004년 3월 24일 한나라당 현판을 천막당사로 옮겼다. 당시 한나라당은 노무현 대통령에 대한 탄핵 역풍으로 절체절명의 위기였다.

하지 않고 거리를 뒀다.

그러나 막상 오 시장이 물러나고 그해 10월에 서울시장 보궐선거가 열리게 되자 정국은 내가 더 이상 방관할 수 없는 상황으로 흘러갔다. 나는 이명박 정부 출범 이후 일체의 선거 지원 활동을 하지 않았다. 선거 지원은 당 지도부가 하는 게 맞다고 생각했기 때문이다. 또 세종시 문제를 둘러싼 충돌 때문에 당내 갈등의 골이 깊었던 것도 나의 운신의 폭을 좁히는 요인이었다. 하지만 10월 서울시장 보선은 그 자체로도 정치적 비중이 워낙 큰 데다 이듬해 총선과 대선의 시금석이 될 수 있기 때문에 나도 손을 보태야 하는 상황이 됐다. 게다가 그 무렵 안철수 서울대 융합과학기술대학원 원장이 서울시장 출마 가능성을 시사하면서 갑자기 불어닥친 '안철수 열풍'은 나를 포함한 기성 정치권에 큰 경종을 울리는 일대 사건이었다. 어수선한 상황에서도 나는 서울시장에 출마한 나경원 후보를 열심히 도왔지만 우리 당은 서울시장 보선에서 예상보다 큰 격차로 패배했다. 곧바로 당은 큰 혼란에 빠졌다.

당에선 나의 '조기 등판'을 요청하는 목소리가 나오기 시작했다. 사실 그때 내 주변에선 2012년 총선까지는 당시 홍준표 대표 체제로 치르는 게 낫다는 주장이 훨씬 우세했다. 총선 결과를 낙관할 수 없는 상황에서 괜히 내가 미리 나섰다가 총선에서 패배라도 하면 대선 가도에서 큰 상처를 받을 것이란 우려 때문이었다.

그럼에도 시간이 흐를수록 지도부 교체를 요구하는 목소리가 점점 거세졌다. 홍준표 대표는 당의 쇄신을 약속하면서 버텨보려 했다. 하지만 2011년 12월 2일 '디도스 사건'이 터지면서 막아 왔던 둑이 터진 모양새가 됐다. 10월 서울시장 보선 때 중앙선관위와 박원순 후보 홈페이지에 사이버 테러를 가해 사이트를 마비시킨 범인이 한나라당 최구식 의원실의 9급 비서로 드러난 것이다. 있을 수 없는 반민주적 범죄였다. 가뜩이나 여당에 대해 비우호적이었던 여론은 더욱더 악화됐다.

결국 홍 대표는 사퇴했고, 나는 12월 19일 당 전국위원회의 결정으로 비상대책위원장에 선출됐다. 그때 나를 아끼던 한 주변 인사는 "지금 비대위원장을 맡으시면 안 된다. 지금 당을 이끌어 봐야 내년 총선에서 패배할 가능성이 거의 100%고, 그렇게 되면 정치생명이 끝날 수 있다"며 강하게 만류했다. 당시 그런 조언을 하시는 분이 꽤 많았다. 하지만 나는 일신의 안위

2011년 12월 30일 여의도 당사에서 열린 비대위 회의에 참석해 발언하고 있다.
왼쪽부터 이준석·이양희·이상돈·김종인 비대위원.

와 영달을 위해 정치를 시작한 게 아니었다. 보수 우파가 절체 절명의 위기를 맞았는데 내가 당을 살려놓지 못한다면 정치를 더 하는 게 무슨 의미가 있겠냐는 생각이었다. 2004년에 당 대표를 맡을 때와 같은 심정이었다. 내가 만류하는 분들에게 정치 생명을 걸겠다는 각오를 밝히니 주변에서도 더 이상 말리지 못했다.

7년 만에 다시 당의 비상 상황을 이끌게 된 당시의 심정은 이루 말할 수가 없었다. 2004년 총선 때 승합차에서 쪽잠을 자면서 전국을 누비고, 2006년 지방선거 때 커터칼 테러를 당해 생명을 잃을 뻔했던 기억이 주마등처럼 스쳐갔다. 그렇게 온몸을 바쳐가며 겨우 당을 살려냈는데, 그간의 노력이 물거품이 되고 나락으로 떨어진, 비참한 심경이었다.

●

김종인·이준석 비대위원 발탁…
당명·당색 싹 바꾸다

하지만 한탄만 하고 있을 순 없었다. 19대 총선까지 불과 네

달도 남지 않은 시점이었다. 비대위 구성이 급선무였다. 나는 당이 국민들에게 완전히 외면당하는 상태이기 때문에 가급적 당 외부에서, 그리고 젊은 세대에서 인재를 구해야 한다고 생각했다. 당시 11명의 비대위원 중에 당 밖에서 영입한 인사가 6명이나 됐는데 김종인 전 의원, 이상돈 중앙대 교수, 이양희 성균관대 교수, 이준석 클라세스튜디오 대표, 조동성 서울대 교수, 조현정 비트컴퓨터 대표 등이었다. 당시 언론에선 예상 못했던 깜짝 인선이 많다는 반응이 나왔다. 주변에서 추천받은 분도 있고 내가 그동안 정치하면서 이런저런 인연을 맺은 분들 중에서 모신 경우도 있다. 어쨌든 내가 직접 다 연락을 드려 비대위 참여를 승낙받았다. 당시 당 사정이 워낙 안 좋다 보니 외부 인사들에게 비대위 참여를 제안해도 고사하는 경우가 꽤 있었던 것으로 기억한다.

그러던 와중에 2012년으로 해가 바뀌자마자 이번엔 박희태 국회의장의 '돈봉투 사건'이 터졌다. 2008년 한나라당 전당대회 때 대표 경선에 나섰던 박 의장 측이 돈을 뿌렸다는 것이다. 디도스 사건의 여파가 가라앉기도 전에 엎친 데 덮친 격이었다. 또다시 여론이 들끓었다. 시련은 결코 혼자 오지 않고 몰려온다는 말이 떠올랐다. 막막했지만 정공법대로 가야만 했다. 앞으로 두 번 다시 이런 일이 벌어지지 않도록 당의 윤리 규정을 강화하고, 부패는 일벌백계하겠단 의지를 국민들에게 보여주는 것 말고는 달리 해결책이 없었다.

그해 4월 총선과 12월 대선을 치르려면 형식과 내용 면에서 당의 환골탈태가 필요하다고 판단했다. 우선 한나라당이란 당명이 워낙 때가 많이 묻은 상태라 이미지 쇄신을 위해 당명을 바꿀 필요가 있었다. 새 당명을 짓기 위해 1월 말 국민공모를 통해 9000건이 넘는 응모를 받았다. 이 중 전문가들과 당내 의견 수렴을 통해 새희망한국당, 한국민당, 새누리당 등 3개의 이름이 최종 후보로 올라왔다. 비대위에서 최종 확정한 이름은 새누리당이었다. 당 안팎에선 새누리당이란 명칭이 정체성이 부족하다느니, 유치하다느니, 놀림감이 될 수 있다느니 하는 반응들이 꽤 나왔다.

하지만 난 새누리당이란 이름이 꽤 괜찮다고 생각했다. 새로움을 뜻하는 '새'와 세상을 뜻하는 '누리'의 조화가 자연스럽게 어울린다는 느낌이었다. 어차피 어떤 당명이라도 처음엔 누구나 어색하게 느끼지만 시간이 지나면 정이 들기 마련이다. 그리고 중요한 것은 이름 자체가 아니라 당이 쇄신하는 모습을 보여주는 것이었다.

●

당색 빨간색으로 바꿨는데…
유승민은 파란 옷

당명 개정 못지않게 큰 반향을 불러일으킨 것은 당의 상징색을 파란색에서 빨간색으로 바꾼 것이었다. 전통적으로 빨간색은 좌파의 상징이었기 때문에 이런저런 반발이 나왔다. 심지어 당시 유승민 의원은 당에서 정한 빨간색 선거운동복이 아니라 과거의 파란색 옷을 입고 끝까지 선거를 치렀을 정도였다.

나는 당이 획기적으로 바뀌었다는 것을 보여주려면 오히려 그 정도의 반발은 있을 수 있다고 생각했다. 국민들에게 변화를 보여주려면 시각적 효과도 중요했다. 우리의 절박한 심정을 호소하는 데 빨간색은 보탬이 될 것 같았다. 새누리당은 그 뒤로 여러 번 당명이 바뀌었지만, 현 국민의힘까지 계속 빨간색을 상징색으로 쓰는 것을 보면 상징색 변경은 좋은 평가를 받은 것이라고 생각한다.

너무 보수화됐다는 인상을 주는 당의 정책 노선을 보수(補修)하는 것도 중요한 과제였다. 보수(保守)는 끊임없이 보수(補修)하는 것이란 말이 있다. 보수정당은 보수의 가치를 몸속에 체질화하면서도 시대 상황에 맞게 유연하게 바꿀 부분은 고쳐나가야 한다.

나는 이미 2009년 5월 미국 스탠퍼드대 연설에서 '원칙이 바로 선 자본주의(the disciplined capitalism)'를 주창했다. 당시 연설에서 나는 세계 금융위기와 관련해 "현 위기는 민간 부문이 이익의 극대화에만 치우쳐 사회의 공동선을 경시해 발생했다"며 "앞으론 주주 이익과 공동체 이익을 조화시켜 더 높은 기업윤리를 창달해야 한다"고 강조했다. 나는 또 "이번 위기가 시장과 감독의 불일치에서 비롯됐듯이 감독의 사각지대가 있어선 안 될 것"이라며 "정부는 시장경제가 작동하는 과정에 문제가 될 소지를 미연에 방지하는 역할을 더욱 강화해야 한다"고 말했다. 또 "경제발전의 최종 목표는 모든 국민이 참여하는 공동체의 행복 공유에 맞춰져야 하며, 정부는 공동체에서 소외된 경제적 약자를 확실히 보듬어야 한다"고 지적했다.

스탠퍼드대 연설은 2007년 대선 경선 이후 첫 공개강연이었고, 경제와 안보 분야에서 나의 새로운 구상을 담은 것이었다. 그런데 하필 방미 기간 중에 김무성 의원의 원내대표 추대 문제를 놓고 청와대와 나의 갈등이 불거지면서 언론에선 해당 연설이 거의 주목을 받지 못했다. 언론 입장에선 여권 내부의 충돌이 더 큰 기삿거리였겠지만, 연설 준비에 많은 공을 쏟았던 나로서는 몹시 아쉬운 대목이었다. 나중에 들어 보니 오히려 좌파 진영에서 나의 스탠퍼드대 연설에 더 많은 관심을 기울였다고 한다.

●

"지나친 좌클릭" 비난에도
'경제민주화' 추진

이처럼 2012년 초 새누리당의 노선 변화는 총선을 앞두고 급조한 것이 아니고 오래전부터 준비해 왔던 것이라고 할 수 있다. 그리고 그 변화의 중심엔 '경제민주화'가 있었다. 2012년

1월 30일 당 비대위가 의결한 새 정강·정책은 "시장경제의 효율 극대화, 공정하고 투명한 시장경제질서 확립을 위해 정부의 역할과 기능을 강화해 경제민주화를 구현한다"고 적시했다. 또 "경제 세력의 불공정 거래를 엄단해 공정한 경쟁 풍토를 조성한다. 대기업과 중소기업 간 공정경쟁과 동반성장을 촉진할 수 있는 제도적 기반을 확대한다"는 내용도 포함됐다.

나는 당시 MBC 라디오로 방송된 정강·정책 연설에서 "불공정 거래를 엄단하고 대기업의 우월적 지위 남용과 하도급 횡포를 엄단해 공정한 경쟁 풍토를 조성할 수 있도록 정부의 역할과 기능을 대폭 확대할 것"이라고 약속했다. 경제민주화는 간단히 말해 대기업이 시장지배적 위치를 악용해 횡포를 부리고, 시장경제 질서를 해치는 일을 벌일 때 이것을 억제하면서 시장경제 원리가 잘 작동될 수 있도록 돕는 것이라고 생각한다. 새누리당이 경제민주화 노선을 발표하자 당시 제1 야당이었던 민주통합당은 "선거를 노린 정치적 술수"라고 비난했고, 보수진영에서도 "지나친 좌클릭"이라는 항의가 나오기도 했다. 어쨌든 경제민주화는 당시 한국 사회가 요구하는 시대정신을 정확히 반영한 것이었다고 생각한다.

인물 교체도 시급한 과제였다. 나는 2012년 1월 19대 총선의 공천을 책임질 공천관리위원장에 정홍원 전 법률구조공단 이사장을 영입했다. 대검 감찰부장을 지낸 정 전 이사장과 나는 별다른 인연이 없는 사이였다. 다만 신망이 두텁고 공정한 공천심사를 이끌 수 있는 분이란 소개를 받고 정 위원장에게 연락을 드려 공천관리위원장 자리를 부탁했다. 나는 정 위원장을 만나 "위기에 빠진 당을 살릴 수 있도록 공정한 공천을 해 달라"고 당부했다. 나는 내가 당권을 갖고 있던 2004년 총선 때도 그랬지만 2012년 총선 때도 공천에 일일이 개입하지 않고 공천관리위의 결정을 수용한다는 방침이었다. 당시 공관위는 객관적 조사를 통해 현역 의원의 25%를 '컷오프'시키는 강수를 뒀다. 당연히 탈락한 의원들은 강하게 반발할 수밖에 없었다. 일부에선 친박계에 비해 친이계가 불이익을 받았다는 비난도 나왔다.

하지만 나는 정홍원 위원장과 권영세 사무총장에게 공천 실무를 일임하고 사후적으로 보고만 받았을 뿐이다. 오히려 친이계의 핵심 인사였던 이재오 의원이 공천을 받았다고 해서 김종인 비대위원이 사퇴하겠다고 반발하는 바람에 다독이느라 애먹었을 정도다.

●

매일 얼음 찜질…
붕대 투혼

거듭나겠다는 새누리당의 몸부림은 19대 총선에서 기적을 만들었다. 모든 선거 전문가가 여소야대 의석을 예상했지만 4월 11일 밤에 개표함을 열어 보니 새누리당 152석, 민주통합당 127석, 통합진보당 13석, 자유선진당 5석, 무소속 5석으로 여당이 과반을 차지하는 결과로 나타났다. 나도 사실 그런 극적인 승리는 예상하지 못했다. 다만 당시 유세 막판에 유권자들과 악수할 때 뭔가 '공기가 좋다'는 느낌을 계속 받았다. 국민들이 우리 당의 변화에 큰 기대를 걸고 있다는 게 피부로 느껴졌다. 악수를 많이 하면 오른손이 아파서 수시로 얼음 찜질을 했는데, 그게 소문이 났는지 고맙게도 "아픈 거 아니까 손은 잡지 않겠다"는 분들도 있었다. 나중엔 오른손에 아예 붕대를 감고 다녀 언론에 '붕대투혼'이란 말이 등장했다.

선거일이 다가오면서 접전 지역이 늘어나다 보니 전국적으로 지원유세 요청이 빗발쳤다. 내가 지원유세를 다녀간 곳은 곧바로 우리 당 후보 지지율이 올라가는 것이 당 내부 여론조사에서 드러난다고 하니 한 곳이라도 더 다니기 위해 혼신의 힘을 다했다. 시간을 조금이라도 아끼려고 식사는 이동 차량에서 김밥 같은 걸로 때웠다. 그게 습관이 되다 보니 선거 뒤에 모처럼 흔들리지 않는 집 안 식탁에서 식사하니 오히려 기분이 이상하고 어지럽기까지 했다.

지금 돌이켜보면 씁쓸한 기억도 있다. 경기도의 A후보는 자기가 3~4%p 정도 지고 있는데 내가 꼭 도와줘야 된다고 간곡히 부탁했다. 그래서 총선 하루 전날인 4월 10일 여의도 당사에서 대국민 호소 기자회견을 할 때 A후보를 내 옆에 일부러 세웠다. 원래는 다른 사람이 서기로 돼 있었는데 A후보를 배려해 준 것이다. 다행히 A후보는 당선됐다. 그런데 나중에 그 의원이 나의 탄핵안에 찬성표를 던졌다는 얘기를 듣고 기분이 우울했다. 하지만 어쩌겠나. 정치가 원래 그런 것인데.

"박근혜 떨어뜨리러 나왔다"는
이정희

2012년 8월 20일 나는 일산 킨텍스에서 열린 새누리당 전당대회에서 당의 대선 후보로 공식 선출됐다. 5년 전 한나라당 대선 후보 경선 때는 피 말리는 박빙의 승부였지만 이번엔 아주 큰 표 차이로 후보로 선출됐다.

하지만 5년 전과 반대로 이번엔 본선 결과를 전혀 낙관할 수 없는 상황이었다. 나는 후보 수락 연설에서 '국민 대통합'을 제일 먼저 강조하며, "새로운 대한민국을 만드는 큰길에 모든 분이 기꺼이 동참하실 수 있도록 대화합을 위해 앞장서겠다. 대한민국을 사랑하고 아끼는 분들이라면 누구와도 힘을 모으겠다"고 말했다. 나의 진심이었다.

다음 날 나는 서울 동작동 국립현충원에서 이승만·박정희·김대중 전 대통령의 묘역을 참배한 뒤 그날 오후에 김해 봉하마을로 가 노무현 전 대통령 묘역을 참배했다. 내가 김대중 전 대통령과 노 전 대통령의 묘역을 간 건 처음이었다. 국민 대통합의 의지를 보여주려는 행보였다.

특히 봉하마을 방문은 사전에 예고하지 않았던 일정이라 언론의 많은 주목을 받았던 것으로 기억한다. 2009년 5월에 노 전 대통령 서거 직후 봉하마을에 간 적이 있었으나 당시엔 노 전 대통령 지지자들의 반대로 발길을 돌려야 했다. 이번엔 다행히 그런 일은 없었다. 권양숙 여사도 따뜻이 맞아주셨다. 나는 권 여사에게 "열심히 잘해서 행복한 나라를 만들겠다"고 말했고, 권 여사도 "대선이 얼마나 힘든지 잘 안다. 건강을 잘 챙기시라"고 덕담을 했다.

또 산업화 세력과 민주화 세력의 역사적 화해를 이룩하는 것도 나의 중요한 과제였다. 그와 관련해 나는 2012년 3월 TV 토론회에서 "산업화 과정에서 본의 아니게 피해를 본 분들께

2012년 8월 21일 김해 봉하마을 노무현 전 대통령 묘역을 방문해 참배했다. 당시 방문은 사전에 예고하지 않았던 일정이라 언론의 많은 주목을 받았다.

항상 죄송한 마음을 가져왔다. 그분들께 사과드리고, 나라를 위해 손잡을 일이 있다면 언제든 함께 힘을 모았으면 좋겠다"고 말했다. 내가 평소에 늘 가슴에 담고 있던 생각이었다.

그래서 대선 후보로 선출되고 난 후인 8월 29일 서울 창신동의 전태일 재단을 방문해 재단 관계자들을 만나기로 했다. 전태일 열사는 박정희 정부 시절의 노동운동을 상징하는 인물이다. 1970년대 한국은 고도성장을 시작하면서 번영의 문을 열어젖혔지만 동시에 그 이면엔 노동자들의 많은 희생이 수반됐던 것도 사실이다.

나는 국민 대통합을 위해선 산업화와 민주화 세력의 화해가 반드시 필요하다고 생각했다. 전태일 재단 방문은 역사의 화해를 위한 노력이었다. 그러나 아쉽게도 노조와 시민단체 인사들이 재단 사무실 입구를 막아서는 바람에 재단 방문은 무산됐다. 하지만 나의 진심은 국민이 알아주실 거라 믿었다.

DJ 만나서 사과…
'김대중 납치 사건' 기억이 생생했다

2004년 한나라당 대표 시절 김대중 전 대통령을 예방한 자리에서도 "아버지 시절에 많은 피해를 보고 고생한 것을 딸로서 사과드린다"고 말한 적이 있다. 그와 관련해 2023년 5월 중앙일보에 실린 육성 회고록에서 김 전 대통령께서 생전에 "따님에게서 아버지 사후에 대신해 사과를 받다니 감동이 느껴졌다. 내가 무슨 구원을 받은 것 같았다"고 말씀했다는 기사를 봤다.

김 전 대통령은 1973년 8월 8일 일본에서 한국의 중앙정보부 요원들에게 납치 당해 죽음의 위기를 만난 적이 있다. 그 사건과 관련해 나는 50년 전의 기억이 아직도 생생하다.

그해 8월 9일 아침 나는 청와대 2층 거실(당시 청와대는 지금과 구조가 다름)에서 아버지에게 커피를 끓여드리고 담소를 나누고 있었다. 그런데 아버지가 사건이 처음 보도된 조간신문을 보고 크게 놀라시며 "이게 대체 어떻게 된 거냐. 대체 어떤

2004년 8월 12일 오전 서울 마포구 김대중도서관에서 김대중 전 대통령과 만나 악수를 나눴다. 당시 "아버지 시절에 많은 피해를 보고 고생한 것을 딸로서 사과 드린다"고 말했다.

세력이 벌인 일이냐" "혹시 북한이 저지른 일인가. 내가 한번 직접 확인해봐야겠다"고 하셨다. 이어 서둘러 1층 집무실로 내려가셨다. 당시 야당은 아버지의 지시로 납치 사건이 발생했다고 주장했는데 사실과 다르다. 결국 중앙정보부에서 벌인 일로 밝혀졌지만, 아버지는 사건이 터진 후에야 그 사실을 아셨다.

어찌 됐든 김대중 전 대통령께서 나의 사과를 그렇게 고맙게 느끼셨다니 내가 그분 생전에 직접 찾아뵙고 사과드린 건 정말 잘한 일이었다는 생각을 하게 된다.

●

MB와 편하지 않았지만⋯
탈당 제기엔 "그러면 안 돼"

2012년 대선 때 이명박 대통령과의 관계 설정도 중요한 문제였다. 당시 집권 5년 차여서 이 대통령의 인기가 많이 떨어진 상태였다. 야당에서 내세우는 가장 큰 선거 슬로건도 이명박 정부 심판이었다. 나는 당명도 바꾸고 정책노선에도 경제민주화를 도입하면서 어느 정도 이명박 정부와 차별화하긴 했지만 여전히 이 대통령과 나는 같은 정당 소속이었다. 야당은 그 점을 집중 부각하면서 '이명박근혜'라는 신조어까지 만들어 공격을 가했다.

대선이 본격화하자 새누리당에서 이 대통령의 탈당을 거론하는 사람들이 생겼다. 심지어 친이계로 분류되는 인사들도 그런 주장을 하는 경우가 있었다. 과거에도 여당 대선 후보와 현직 대통령의 관계는 상당히 불편한 경우가 많았다. 1992년 노태우 대통령-김영삼 후보, 1997년 김영삼 대통령-이회창 후보, 2002년 김대중 대통령-노무현 후보, 2007년 노무현 대통령-정동영 후보가 모두 그런 경우였고 대통령들은 전부 다 여당을 탈당했다.

나는 2007년 대선 경선부터 시작해 2008년 총선 공천, 2009~2010년 세종시 수정안 등 이 대통령 집권 기간 중 청와대와 몇 차례 충돌했다. 언론에서 이명박 정부의 제1 야당은 박근혜라는 평가가 나올 정도로 편하지 않은 관계였다.

하지만 나는 대통령의 탈당이 반복되는 후진적 행태는 끊어야 한다고 생각했다. 대통령이 탈당한다고 해서 그간 여당이

해왔던 일들이 국민에게 가려질 수 있겠는가. 나는 대통령의 공과 과를 여당이 온전히 감당하는 게 올바른 정당정치라고 믿었다. 대통령이 인기 좋을 때는 한껏 매달리면서 인기가 떨어지면 헌신짝 취급하는 건 정치 도의상으로도 말이 안 된다. 그래서 이명박 대통령의 탈당을 제기하는 사람들에게 "대통령에게 그러면 안 된다"고 말렸다.

나는 그해 9월 2일 청와대에 들어가 이 대통령과 100분간 배석자 없이 오찬 회동을 했다. 여당 대통령과 여당 대선 후보의 만남은 10년 만이라고 했다. 이 대통령과 나는 각종 국정 현안과 대선 공약 등을 놓고 의견을 나눴다. 이 대통령은 대화 내용은 청와대에서 따로 브리핑을 안 할 테니 나에게 알아서 다 발표하시라고 했다. 내가 나가서 곤란한 얘기는 안 할 것이라는 믿음을 보낸 셈이다. 결국 이 대통령은 1987년 직선제 개헌 이후 취임한 대통령 가운데 처음으로 여당 당적을 유지한 채 임기를 마무리하는 대통령이 됐다.

하지만 아이러니하게도 정작 나는 5년 뒤에 새누리당의 후신인 자유한국당에서 강제 출당을 당했다. 아마 당시 자유한국당 지도부가 나를 출당시키는 게 당에 보탬이 될 거라고 생각했던 모양이다.

●

꺾인 '안철수 바람'…
文, 달라도 참 많이 달랐다

2012년 대선 때 선거의 최대 변수는 단연 안철수 후보였다. 나와 문재인·안철수 후보의 3자 구도 여론조사에선 언제나 내가 넉넉하게 승리하지만, 야권 후보가 단일화될 경우엔 승패를 예상하기 힘든 상황이었다. 당연히 야권은 문·안 후보의 단일화에 모든 것을 거는 분위기였다.

나는 2011년부터 불어닥친 '안철수 바람'을 예의주시하고 있었다. 한국 선거에선 전혀 예상치 못한 바람이 불어서 판세에 큰 영향을 주는 경우가 허다했다. 나는 '안철수 바람'이 나의 대선가도에 큰 고비가 될 것임을 직감했다. 그렇지만 동시에 "예전에 이보다 험난한 시련도 넘었는데 이번에도 어떻게든 극복해야 할 과제"라는 생각도 했다. 그해 9월 안 후보가 출마 선언을 하고 야권의 후보 단일화 논의가 본격화하자 우리

당에 위기감이 감돌기 시작했다. 일부 인사는 후보 측근 중심으로 짜인 캠프 인선을 원점에서 재검토해야 한다고 주장했다. 나는 처음엔 인적 개편에 부정적이었지만, 점점 시간이 흐르면서 선거 흐름에 변화를 줄 필요가 있다는 점을 인정하지 않을 수 없었다.

나는 10월 11일 최경환 의원 등 이른바 친박계 핵심들을 뒤로 빼고, 나와 불편한 사이로 알려진 김무성 전 의원을 총괄선대본부장에 기용하는 인선안을 발표했다. 김무성 전 의원은 2007년 대선 경선 때만 하더라도 나를 지근거리에서 돕던 사이였으나 이명박 정부 출범 이후 세종시 수정안, 원내대표 출마 등을 놓고 나와 갈등을 빚고 관계가 소원해졌다. 하지만 여러 번의 큰 선거 경험이 있고, 조직 장악력이 뛰어나기 때문에 흔들리는 캠프의 중심을 잡으려면 김 전 의원이 적임자라고 생각했다. 실제로 김 전 의원이 캠프 실무를 총괄하면서 캠프 분위기가 많이 달라졌다는 얘기가 들렸다. 김 전 의원이 2012년 총선에선 낙천했지만 이듬해 부산 영도 재선거를 통해 국회에 재입성할 수 있었던 것도 대선 때의 공로를 당에서 인정받았기 때문일 것이다.

아무튼 대선 막판까지 선거의 최대 관심사는 야권 단일 후보가 누가 되느냐였다. 솔직히 나는 딱히 누가 되는 게 더 유리할 거라는 계산은 해보지 않았다. 상대가 누구로 결정돼도 나는 최선을 다하겠다는 생각뿐이었다. 결국 야권 단일 후보는 민주당의 조직력을 등에 업은 문재인 후보가 됐다. 무소속이었던 안 후보가 스스로 물러선 것이다.

당시 대선 후보 토론에서 새삼 느낀 것인데 문 후보는 경제·안보·외교 등 거의 모든 분야에서 나와 생각이 달랐다. 달라도 참 많이 달랐다. 실제로 문 후보가 나중에 집권해 추진한 노선은 박근혜 정부와 완전히 상반되는 길이었다. 과연 어떤 노선이 대한민국의 발전에 더 기여했는지는 역사의 평가에 맡기고 싶다.

●

"朴 떨어뜨리려 나왔다"는
이정희

대선 막판에 큰 화제가 됐던 게 12월 4일 대선 후보 1차 TV

토론에서 통합진보당 이정희 후보의 발언이었다. 당시 이 후보는 나를 향해 "(출마 이유는) 박근혜 후보를 떨어뜨리기 위한 겁니다. 저는 박근혜 후보를 반드시 떨어뜨릴 겁니다"라고 쏘아붙였다. 누구를 떨어뜨리기 위해 대선에 나왔다는 것 자체가 황당한 얘기지만, 표현의 수준도 어이가 없었다. 사람의 말에는 그 사람의 많은 것이 반영돼 있기 마련이다. 이 후보의 발언은 민심의 역풍을 불러 결과적으로 나의 당선에 도움이 됐다는 평가까지 나왔다.

돌이켜 보면 2012년 대선 과정에서 여러 가지 곤경과 실수도 많았다. 이대로 가면 질 수도 있겠다는 위기감을 느꼈던 적도 있었다. 충격적인 사고도 발생했다. 15년간 나를 성실히 보좌했던 이춘상 보좌관이 12월 2일 강원도 유세 일정을 수행하다 급작스러운 교통사고로 세상을 뜬 것이다. 나는 그날 오후 서울 여의도 성모병원으로 달려가 이 보좌관의 죽음을 확인하고 많은 눈물을 흘렸다. 이 보좌관은 정말 심성이 곱고 맑은 사람이었는데, 이렇게 갑자기 가다니 믿을 수가 없었다. 그 충격으로 유세도 사흘 동안 중단했다. 다만 12월 4일의 1차 TV토론은 어쩔 수 없이 참석했는데 굉장히 무거운 심리 상태에서

2012년 12월 10일 서울 여의도 KBS 스튜디오에서 중앙선관위 주최로 열린 대선 TV토론에서 이정희 통진당 후보는 날을 세웠다.

토론을 했던 기억이 난다.

●

대통령 당선…
국민께 감사하고 부모님 떠올랐다

18대 대선일이었던 2012년 12월 19일 저녁 대선 개표 방송을 서울 삼성동 자택에서 혼자 지켜봤다. 만약 대선에서 졌다면 나는 그날 곧바로 정계 은퇴를 선언했을 것이다. 그게 마지막 기회였으니까. 출구조사에서 내가 간발의 차로 이겼다는 소식은 공식 발표 직전에 비서진으로부터 전해 받았던 것 같다. 그러나 워낙 여러 가지 루머가 나도는 상황이라 긴장을 풀수가 없었다.

다행히 개표 3시간여 만에 당선이 확실해지면서 비로소 안도했다. 출구조사보다 큰 표차였다. 밤 10시 40분쯤 당사로 이동하기 위해 자택을 나섰는데 골목길에 많은 지지자분이 응원하러 나와주셔서 일일이 손을 건넸다. 밤 11시 좀 넘어 당사에 도착해 선대위 인사들에게 감사의 인사를 드렸다. 그리고 자정 무렵 광화문에 설치된 특설무대에 가 언론 인터뷰를 했다. 나는 그 자리에서 "국민 여러분께 진심으로 감사드린다. 선거 기간 중에 가는 곳마다 저에게 신뢰와 믿음을 주신 뜻을 결코 잊지 않겠다. 앞으로 국민께 드린 약속을 반드시 실천하는 민생 대통령이 돼서 국민 행복시대를 열겠다"고 말했다.

그날 밤 삼성동 자택으로 돌아왔는데 여러 가지 복잡한 감정들이 밀려와 좀처럼 잠을 이루지 못했다. 마음속엔 일찍이 세상을 떠나신 아버지와 어머니가 가장 많이 떠올랐다. 아마 부모님이 비극적으로 돌아가시는 일이 없었다면 나는 정치에 발을 들이지 않았을 것이다. 부모님을 생각해서라도 대통령으로서 반드시 좋은 나라를 만들어야겠다는 다짐을 거듭했다.

20일 아침 동작동 국립현충원을 참배하는 것으로 나는 대통령 당선인으로서의 일정을 시작했다. 당시 현충원 방명록에 '새로운 변화와 개혁의 새 시대를 열겠습니다'고 적었다. 지금 생각하면 그 이후에 참 많은 일이 벌어졌다. 당시로선 꿈에서도 생각하지 못했던 일들도 많았다.

내가 재계의 로비를 받은 것처럼
비난한 김종인

2012년 대선 때 최대 화두였던 경제민주화는 당시 새누리당 비대위에 참여했던 김종인 전 의원을 빼놓고 얘기할 수 없다. 김 전 의원은 1987년 개헌 때 헌법 119조 2항의 경제민주화 조항을 만든 분이다. 김 전 의원은 과거 17대 국회에서 새천년민주당 소속 비례대표였는데 당시 나와 가까운 사람을 통해 나를 한번 만나고 싶다는 요청을 해 만난 적이 있다. 그 이후에도 몇 번 만나 이런저런 얘기를 나눈 인연이 있다. 나는 당비대위를 꾸릴 때 김 전 의원이 꼭 우리 당에 필요한 분이라고 판단, 도와달라고 요청해 승낙을 받았다. 실제로 김 전 의원은 새누리당의 정강·정책을 새로 고칠 때 경제민주화를 비롯한 여러 분야에서 많은 기여를 했다.

하지만 이미 세상에 다 알려져 있듯이 나와 김 전 의원의 관계는 아름답게 이어지지 못했다. 그분은 자기 주관이 너무나 확고해 자신과 다른 의견은 좀처럼 수용하지 못하는 것 같았다. 김 전 의원은 비대위가 가동되자마자 당 강령에서 '보수'란 표현을 빼자는 주장을 펴 당 내 인사들과 마찰을 빚었다. 총선을 코앞에 둔 시점에서 이재오 의원 공천 방침에 항의한다며 갑자기 비대위원을 그만두겠다고 해 나를 당황하게 한 적도 있다.

●

김종인 끌어안고 싶었지만…
동의 힘든 주장 고수했다

나는 기존의 주변 인사들과 김 전 의원 사이에 불화가 있다는 것을 알고 있었다. 어찌 됐든 내가 꼭 필요한 분이라고 생각해 모셔왔던 만큼 어떻게든 끝까지 김 전 의원을 잘 끌어안고 싶었다. 그러나 김 전 의원은 나로서도 동의하기 힘든 주장을 계속 고수했다. 가장 대표적인 게 재벌의 순환 출자 이슈였다.

순환 출자는 계열사 A가 B사, B사는 C사, C사는 다시 A사의 지분을 소유하며 서로 물려 있는 구조다. 순환 출자는 재벌 오너들이 상대적으로 적은 자본금으로 많은 계열사를 소유할 수 있게 만들어 여러 폐해를 낳는다는 비판을 받고 있었다. 나도 순환 출자 구조에 분명히 문제가 있다고 생각했다. 그런데 이 순환 출자를 해소하는 방안을 두고 김 전 의원은 기존 순환 출자까지 모두 해소해야 한다고 주장했다. 만약 진짜 그렇게 된다면 재벌을 해체했다는 후련함은 느낄 수 있을지 몰라도 그런 식으로 재벌을 해체해 버리면 숱한 대기업들이 곧바로 외국 기업의 적대적 인수합병에 노출된다. 재벌 오너들이 경영권 방어에 막대한 돈을 써야 해 투자할 여력도 부족해진다. 아무리 생각해도 국민 경제에 엄청난 혼란이 발생할 게 뻔했다. 그래서 나는 기존 순환 출자는 인정하되 신규 순환 출자는 금지하는 방안이 적절하다고 판단했다.

2012년 11월 경제민주화 공약을 발표했을 때 이런 입장을 밝히자 김 전 의원은 언론 인터뷰에서 내가 마치 재계의 로비를 받고 입장을 바꾼 것처럼 비난했다. 어처구니없는 얘기였다. 나는 경제민주화가 중요한 가치라고 생각하지만 그렇다고 기업을 지나치게 규제 일변도로 묶는 건 위험하다는 생각을 처음부터 확고하게 하고 있었다. 경제민주화는 어디까지나 자유시장경제 질서를 촉진하는 차원에서 의미가 있는 것이지, 경제민주화가 자유시장경제의 질곡이 돼선 곤란한 것이다. 김 전 의원이 당시 주장했던 대기업집단법(지분조정 명령제, 계열사 편입심사제 등) 제정도 그런 차원에서 수용하기가 곤란했다.

●

노무현·김대중 정부도 못했던
경제민주화 법안 입법

김 전 의원은 내가 대통령에 취임한 이후에도 "박근혜 정부에서 경제민주화가 안 보인다"고 계속 비난했다. 하지만 난 그런 주장엔 동의할 수 없다. 나는 임기 초반부에 대선 때 약속했던 주요 경제민주화 입법을 대부분 완료했다. 신규 순환 출자 금지(자산 5조 원 이상 대기업 대상)를 비롯해 불공정거래 행위에 대한 규제를 강화하는 하도급법 개정, 일감 몰아주기에 대한 과징금 부과, 금산 분리 강화 등이 그것이다. 공정위 전속 고발권 폐지와 관련해서도 감사원장·중소기업청장·조달청장이 고발을 요청할 경우 공정위는 반드시 검찰에 고발토록 법안을 개정했다.

이런 법안들은 과거 노무현·김대중 정부에서도 처리하지 못했던 성과들이다. 물론 야당이 주장한 내용 중에 너무 지나치게 기업을 옥죄는 법안은 통과되지 않았지만, 그것 가지고 박근혜 정부에서 경제민주화가 실패했다고 폄훼하는 건 정말 잘못된 얘기다. 당시 민주당이 박근혜 정부를 엄청 욕했지만, 가령 자신들이 절대 과반 의석을 갖고 있던 문재인 정부에선 기존 순환 출자까지 전부 금지하는 법안을 통과시켰나? 공정위 전속 고발권 완전 폐지는? 자신들도 못했다. 정확히 말하면 "이거 했다가는 큰일 나겠다" 싶으니 안 한 것이다.

박근혜 정부에선 신규 순환 출자 금지만으로도 상당한 성과를 거뒀다. 2013년 4월 기준으로 15개 기업 집단의 순환 출자 고리는 9만 7658개였으나 2016년 9월엔 7개 기업 집단의 90

개로 많이 감소했다. 그 이후에도 롯데그룹·현대중공업 등이 순환 출자를 해소하고 지주회사로 전환했다. 만약 김 전 의원 주장대로 기존 순환 출자까지 한꺼번에 금지했다면 재계에 큰 혼란이 벌어졌을 것이고, 그 피해는 고스란히 국민이 짊어졌을 것이다.

•

충격적이었던 김종인 민주당행…
나와 참 다른 분

김종인 전 의원과는 그렇게 멀어져 대통령 취임 이후에 거의 만날 일이 없었다. 그러다가 2016년 20대 총선을 앞두고 그분이 갑자기 더불어민주당에 가 비상대책위원회 대표를 맡는다는 소식을 들었다. 깜짝 놀랐다. 새누리당과 민주당은 지향하는 가치가 많이 다른 정당이다. 노선이 완전히 다른 정당 사이에서 당적을 옮겨 다니는 것은 나로선 상상하기 힘든 일이었다.

김 전 의원을 마지막으로 본 것은 2016년 가을 무렵 탄핵

정국 때였다. 그동안 아무 교류가 없던 김 전 의원이 한 청와대 참모를 통해 나를 꼭 좀 만나고 싶다고 연락해왔다. 당시 그분은 민주당의 비례대표 의원 신분이었다. 과거에 같이 일했던 인연을 생각해 청와대 인근의 안가에서 김 전 의원을 만났다. 그분과 이런저런 얘기를 나눴는데 사실 뚜렷이 기억에 남는 대화 내용은 없다. 서로 곁도는 얘기만 하고 자리가 끝난 것 같다. 그래서 당시에도 이분이 나를 만나자고 한 이유가 뭔가 하고 궁금하게 생각했다. 그런데 나중에 만남을 주선했던 사람의 얘기를 들어보니 김 전 의원이 총리 자리에 뜻이 있는 것 같다고 전했다. 실제로 당시는 내가 정국 타개를 위해 국민 통합형 총리 후보를 물색하던 시점이었다. 물론 김 전 의원 본인이 직접 총리 얘기를 안 꺼냈으니 진짜로 총리를 의식하고 면담을 요청했던 것인지는 알 수 없다.

그 이후 내가 수감 생활을 할 때 김 전 의원이 21대 총선을 앞두고 2020년에 다시 국민의힘(새누리당의 후신)으로 건너왔고, 나중에 당 비상대책위원장까지 맡았다는 뉴스를 들었다. 나는 내가 속한 정당이 잘못되더라도 그 안에서 최대한 고쳐 보려고 노력한 사람이다. 나하고 안 맞는 목표를 추구하는 정당에서 활동할 바에야 차라리 정치를 그만두고 다른 일을 하는 게 낫다고 생각했다. 그런 면에서 김 전 의원은 나와 참 많이 다른 분이다.

첫 개각,
"그가 내 앞에서 울먹였다"

정부 출범 초기 총리 인선 못지않게 세상을 떠들썩하게 만든 것이 미래창조과학부 장관 인선이었다. 나는 대통령 당선인 시절인 2013년 2월 17일 11개 부처 장관 인선을 발표하면서 미래창조과학부 장관 후보자로 김종훈 미국 알카텔-루슨트 최고전략책임자(CSO) 겸 벨 연구소 사장을 내정했다. 김종훈 후보자의 낙마를 생각하면 지금도 한숨이 나온다.

김 후보자는 가난한 미국 이민자의 아들인 '교포 1.5세'였다. 하지만 벤처 사업가로 성공해 38세인 1997년에 포브스가 선정한 '미국 400대 부호' 반열에 올랐다. 2005년에는 무려 13명(2013년 2월 기준)의 노벨상 수상자를 배출한 세계 최고 IT 연구기관인 벨 연구소의 수장이 됐다. 이처럼 미국은 물론 세계적으로 명성이 높은 분이었지만, 국내에선 다소 생소했고, 특히 미국 시민권을 가진 이가 장관에 내정된 것은 처음이라 화제를 모았다.

인선 발표 뒤 다른 장관보다도 김 후보자의 스토리를 궁금해 하는 기자들의 관심이 집중됐다. 정치권에서는 "박 당선인이 누구의 추천을 받아 김 후보자를 지명했을까"라는 반응이 많았다. 하지만 내가 누군가의 추천을 받고 김 후보자를 지명한 것은 아니었다. 나는 한나라당 국회의원 시절 김 후보자를 만난 적이 있다. 정확한 시점은 기억이 나질 않는데 김 후보자가 한국에 잠시 방문했을 때였다. 벨 연구소에 특임연구원으로 일하고 있던 윤종록 전 미래창조과학부 2차관이 김 후보자를 내게 소개했다. 당시 김 후보자와 경제, 일자리, IT 분야에 걸쳐 다양한 이야기를 나눴다. 그 자리에서 김 후보자는 자신이 미국에서 어떻게 창업에 성공했고, IT 벤처 신화를 이룩했는지, 또 앞으로 어떤 아이디어나 구상을 가졌는지 담담하게 설명했다.

●

김종훈 깜짝 발탁…
첫 만남서 신선한 충격

정쟁에 휩쓸린 정치판에서 조금씩 지쳐가고 있던 그때, 김 후보자와 만나 미래 비전을 이야기하는 것은 신선한 충격으로 다가왔고, 같은 이공계 출신이라는 공감대도 대화에 깊이를 더했다. 언젠가 나에게 그럴 기회가 온다면 김 후보자를 중요한 직책에 꼭 추천하고 싶었다. 몇 년 뒤 대통령에 당선됐을 때 창조경제를 뒷받침하고 신성장동력을 책임질 핵심 부처인 미래창조과학부를 신설하면서 장관 후보로 김 후보자를 떠올린 건 우연이 아니었다. 나는 지금도 그가 미래창조과학부 장관 적임자였다고 확신한다. 김 후보자는 우리가 무대로 삼아야 할 세계 IT 시장에 정통했을 뿐만 아니라 현장 이해도가 높았고, 우리 벤처 생태계를 역동적이고 창의성 있는 공간으로 뒤바꿀 경험과 지식을 갖추고 있었다.

장관 후보자로 지명하겠다는 뜻을 알리자 김 후보자는 고민할 시간을 달라고 했다. 며칠 뒤 그는 장관으로서 본인의 구상과 생각을 정리한 보고서를 보내왔다. 자신이 가장 중요하게 여기는 경제 정책은 무엇이고, 그러기 위해서는 국내 기업 환경을 어떻게 개선해야 하는지, 창조경제를 어떻게 구체화시켜 발전시켜 나갈 것인지를 자세하게 설명한 보고서였다. 찬찬히 읽어봤는데 내용이 굉장히 신선하고 마음에 와닿았다.

또 장관 후보로 지명하기 전 서울 모처에서 김 후보자를 직접 만나 이야기를 나눴는데, 조국을 위해 일해 보고 싶다는 열의가 상당했다. 미국 시민권자인 그는 시민권을 포기하고 한국 국적을 회복하겠다는 뜻을 밝혔다. 당시 국적 문제가 화두에 오르자 김 후보자는 이렇게 말했다.

"저는 1970년대에 가족과 미국으로 건너간 이후 줄곧 미국에서 성공하고 이름을 알렸습니다. 하지만 이제는 조국인 한국을 위해 그동안 쌓아온 지식과 아이디어, 경험을 쏟아붓고 헌신하고 싶습니다."

그는 장관 지명 사흘 전인 2013년 2월 14일 한국 국적을 회복했다. 하지만 조국을 위해 자신의 능력을 아낌없이 쓰겠다던 김 후보자의 꿈은 시작부터 금이 가기 시작했다. 야권에서는 지명 직후부터 김 후보자의 이중국적 문제를 고리로 공세를 퍼부었다. 특히 김 후보자가 2007~2011년 CIA 외부자문위원회 비상임위원으로 활동한 전력이 쟁점으로 떠올랐다. 우방이긴 하지만 타국의 정보기관과 밀접한 관련이 있었던 사람이 민감한 보안을 다루는 국내 부처 장관직을 맡는 것은 부적절하다는 공격이 쏟아졌다.

　40년 가까이 미국에서 생활한 김 후보자는 마치 자신을 죄지은 사람처럼 몰아세우는 공격에 당황한 듯했다. 살면서 처음 겪어 보는 정치적 공격을 견디기가 쉽지 않았을 것이다. 나는 김 후보자에게 연락해 다독였다.

"조국을 위해 헌신하겠다는 김 후보자의 뜻을 확실하게 신뢰하고 있기 때문에 CIA와 관련된 논란은 전혀 신경 쓰지 않고 있습니다. 예상치 못하거나 억울한 공격도 많겠지만, 꼭 이겨내고 장관직을 수행해 주십시오."

"아내·가족 공격 절망"…
야윈 김종훈 울먹였다

하지만 김 후보자를 사퇴로 몰아간 결정적 요인은 가족에 대한 공격이었다. 당시 김 후보자 부인 명의의 서울 청담동 빌딩에 유흥주점이 영업한 것을 놓고, 일각에서 '성매매 업소를 운영했다'는 식의 뜬소문이 퍼졌다. 김 후보자가 미국 라스베이거스에서 원정도박을 했다는 식의 미확인 소문도 퍼져나갔다. 김 후보자 부부가 서울 한남동에 빌라를 매입하거나, 심지어 김 후보자 처남이 강남구에 건물을 소유한 것을 두고도 야당이 공세를 퍼부었다.

가족에 대한 공세를 견디지 못한 김 후보자는 사퇴를 결심했고, 2013년 3월 3일 나는 사퇴를 만류하기 위해 서울의 한 안가에서 김 후보자를 따로 만났다. 간만에 마주한 김 후보자는 야위어 보였고, 몹시 괴로워 보였다. 김 후보자와 긴 시간 동안 고민의 지점이 무엇인지, 왜 사퇴를 하려고 하는지 차분하게 대화했다. 김 후보자는 "내가 고통받는 것은 상관없지만,

아내와 가족들이 매일같이 울고 힘들어 하는 모습을 보면서 절망스러웠고, 더는 견디기가 힘들다"고 울먹였다. 수차례 만류했지만 김 후보자는 이미 결심을 굳힌 듯했다. 가족에 대한 공격으로 깊은 상처를 입은 김 후보자를 다시 설득할 방법이 없었다.

결국 김 후보자는 3월 4일 국회에서 긴급 기자회견을 열고 사퇴를 발표했다. 그는 "조국을 위해 헌신하려 했던 마음을 접으려 한다. 조국의 미래를 위해 모든 것을 바치려 했던 저의 꿈은 산산조각이 났다"고 말했다. 나는 김 후보자의 사퇴를 바라보면서 야당의 발목 잡기에 분노에 가까운 심정을 느꼈다. 조국 발전을 위해 기꺼이 중책을 맡겠다고 결심한 사람을, 꼭 가족에 대한 공격까지 서슴지 않으면서 끌어내려야 했을까.

김 후보자의 사퇴 이후 나는 아버지를 떠올렸다. 아버지가 가장 심혈을 기울인 것이 외국에 나가 있는 한국 과학자들을 국내로 영입하는 일이었다. 1인당 국민소득이 100달러에도 못 미치던 보릿고개 시절 유학을 떠났다가 이른바 '해외 유치 과학자' 신분으로 귀국한 이가 많았다. 이런 과학자들이 우리나라가 선진국으로 나아가는 '과학 입국'의 기틀을 다졌다. 내

김종훈 미래창조과학부 장관 후보자가 2013년 2월 18일 서울 세종로 자신의 사무
실로 들어서며 기자들의 질문에 답하고 있다.

가 김 후보자를 설득해 미래창조과학부 장관 후보자로 지명한 것도, 미국에서 벤처 신화를 이룩한 그가 한국에서 또 한 번 신화를 이룩할 수 있다는 기대에서였다.

●

"해외 인재 좌절시키지 말라"
굳은 표정으로 작심 담화

나는 김 후보자의 사퇴 당일인 4일 청와대 춘추관에서 대국민 담화를 발표했다.

"김 후보자는 미래 성장 동력과 창조경제를 위해 삼고초려해 온 분인데, 우리 정치 현실에 좌절을 느끼고 사의를 표해 정말 안타깝게 생각합니다. 해외에 나가 있는 우리 인재들도 국가 발전에 기여할 수 있도록 등용해야 하고, 조국을 위해 헌신하려고 들어온 인재들을 더는 좌절시키지 말아야 합니다."

언론에서는 담화문을 발표할 당시 나의 굳은 표정과 강경한

어조 등을 바탕으로 '작심 담화'라는 제목을 붙였다. 야당은 인사 실패의 책임을 자신들에게 떠넘긴다며 강하게 반발했다. 내가 이례적으로 야당을 강하게 비판한 것은 이유가 있었다. 김 후보자의 사퇴도 안타까웠지만, 무엇보다도 국가 성장의 핵심으로 내가 공을 들여 온 창조경제 추진이 시작부터 가로막히고 있다는 판단 때문이었다. 창조경제 문제는 다음 기회에 상술하려 한다.

●

'의외의 인사'
박준우·유민봉 발탁 이유

2013년 8월 5일 청와대 2기 비서진 인사 때 발탁한 박준우 정무수석도 고정관념을 깬 인사로 평가받았다. 지금도 마찬가지지만 청와대 정무수석은 정치인 출신이 맡는다는 게 정치권에서 일종의 불문율이다. 정무수석은 청와대와 국회의 소통 창구이기 때문에 정치권 사정에 밝고, 주요 정치인들과 친분이 있는 인사가 맡는 게 적절한 것은 사실이다. 하지만 내가 지난 30여 년간 외교관으로 일한 박 수석을 임명하자 정치권과 언론이 술렁댔다. "비정치인 출신이 정글 같은 정치판에서 제대로 된 중재자 역할을 할 수 있겠느냐"는 비판도 나왔다.

박 수석과 나의 인연은 이명박 정부 시절인 2009년에 시작됐다. 당시 나는 대통령 특사로 유럽을 방문했는데, 주벨기에·EU(유럽연합) 대사를 지내던 박 수석이 현지에서 나를 영접하기 위해 나왔고, 그때 많은 대화를 나눴다. 박 수석의 첫인상은 상당히 좋았다. 특히 외교관으로 일하는 모습을 옆에서 지켜보니 온화하면서도 융통성 있게, 또 합리적으로 일을 처리한다는 생각이 들었다. 정치인 출신은 아니지만, 정무수석을 맡으면 큰 충돌 없이 합리적으로 청와대와 정치권의 이견을 조율할 것이라는 판단이 들어 발탁했다.

하지만 결과적으로 내 욕심이 과했다는 생각이 든다. 다른 분야에선 큰 장점을 갖춘 사람일지라도, 국회를 상대하는 일은 비정치인 출신이 담당하기에 역시 다소 무리였던 것 같다. 박 수석은 정말 훌륭한 인재였지만, 나 때문에 몸에 맞지 않는 옷을 입느라 고생했다는 생각에 미안함이 든다.

'의외의 인사'라고 평가받은 또 다른 참모는 유민봉 국정기획수석이었다. 국정기획수석은 행정부 산하의 정책을 총괄해 검토하고 대통령에게 직보하는 중요한 자리다. 내가 2013년 2월 유 수석을 임명했을 때도 "예상하지 못했다" "박 당선인과 어떤 관계인가"라는 반응이 쏟아졌다. 유 수석은 대선 캠프에서 활동하지 않았고, 대통령직 인수위원회 간사를 맡으면서 처음 이름을 알렸다. 행정학을 전공한 유능한 학자였지만, 정치권에서는 무명에 가까웠다. 하지만 나는 유 수석과 상당히 오래전부터 알고 지냈다. 국회의원 시절 유 수석과 종종 만나 행정 분야의 자문을 받았는데, 학식이 깊다는 인상을 받았다. 특히 인수위에서 국정기획조정분과 간사로 활동하는 모습을 지켜보니, 국정 과제를 정리하는 일처리가 매우 깔끔했고, 언론을 상대할 때도 논리 정연한 모습을 보여 신뢰가 갔다.

실제로 국정기획수석을 맡은 뒤에도 유 수석은 매우 진지하고 진중하게 업무에 임했다. 다만 유 수석은 정치인 스타일이라기보다는 학자 스타일에 더 가까웠던 것 같다. 국정기획수석보다는 더 적합한 역할을 맡겼더라면 하는 아쉬움이 남는다.

●

박근혜 '올드보이' 좋아한다?
생물학적 나이 안 따졌다

2013년 8월 5일 단행한 청와대 인선을 두고서도 정치권과 언론계에서 많은 이야기가 돌았다. 당시 나는 허태열 대통령 비서실장을 김기춘 실장으로 교체했다. 또 곽상도 민정수석은 홍경식 수석으로 교체하고, 앞서 언급한 것처럼 공석인 정무수석 자리에 박준우 수석을 임명했다. 정부 출범 후 약 5개월여 만에 청와대 내부의 핵심 인사들이 교체되니까 여권에서 "청와대 내부에 무슨 문제가 있는 것 아니냐"는 걱정이 나왔고, 온갖 추측이 무성했다.

당시 내가 인사 교체에 나선 것은 여러모로 분위기 쇄신을 해야 한다는 판단이 섰기 때문이다. 대통령이 되기 전 국민에게 한 약속과 국정 과제를 이행하기 위해서는 청와대부터 일사불란하게 움직이고 결과물을 얻어내야 하는데, 내 생각대로 되지 않는 일이 많았다. 단순히 누구 때문이라고 잘못을 돌릴 수 없는 문제였지만, 여러 가지로 청와대 내부에 큰 변화를 주

2013년 8월 8일 청와대에서 열린 신임 비서실장 및 수석비서관 임명장 수여식을 앞두고 김기춘 비서실장이 신임 수석들과 이야기를 나누고 있다. 왼쪽부터 유정복 행정안전부 장관, 윤창번 미래전략수석, 김 실장, 박준우 정무수석, 홍경식 민정수석, 최원영 고용복지수석.

면서 동력을 얻어야겠다는 생각이었다.

　인사와 관련해 당시 항간에 떠돌던 "박 대통령은 '올드보이 (old boy)'를 선호한다"는 소문에 대해서도 해명하고 싶다. 정권 출범 후 나는 김용준 총리 후보자(당시 75세)를 지명했고, 김 후보자 사퇴 뒤엔 정홍원 총리(당시 69세)를 임명했다. 또한 청와대에서도 비교적 고령인 김기춘 대통령비서실장(당시 74세), 여당에서는 서청원 의원(당시 70세) 등이 실세로 언론에 부각됐던 게 사실이다. 특히 내가 가끔 오찬 등을 하면서 정치적 조언을 듣곤 하던 이른바 '7인회' 멤버들 역시 상당수가 고령층이다 보니 나이가 많은 인사들만 선호한다는 오해가 퍼진 듯하다.

　하지만 내가 생물학적 나이를 기준으로 사람을 선호하거나 어떤 자리에 임명할 때 고령자를 특별 대우한 것은 전혀 아니다. 사람을 고를 때 나이는 애초에 크게 중요한 것이 아니라고 생각했다. 나이가 많다고, 혹은 적다고 불이익을 줘서야 되겠는가. 사람의 장점과 능력이 중요하다고 믿어 왔다. 물론 특정 정치적 사안에 있어서 조언을 구할 때 연륜과 경험이 있는 분들의 의견을 들은 적도 많지만, 나이는 인선의 고려 대상이 아니었다.

가슴이 아팠던
총리 잔혹사

대통령 당선인 시절을 포함해 재임 중에 국무총리 인선 때문에 많이 애먹었다. 안정적인 국정 운영을 위해선 행정부를 총괄하는 총리 인선이 원만히 이뤄져야 하는데, 총리 후보자로 지명된 뒤 검증의 벽을 넘지 못하거나 어렵사리 임명한 뒤에도 뜻하지 않은 사건으로 낙마하는 경우가 잇따랐다. 당시 언론에선 '총리 잔혹사'라는 말까지 나왔다.

대선 승리의 기쁨은 찰나였을 뿐 조각의 첫 단추를 끼우는 일부터 쉽지 않았다. 당선인 시절 초대 총리 후보자를 지명하기 위해 5~6명의 인사와 접촉했는데 모두 사양했다. 수십 장에 달하는 검증 답변서를 작성하고, 눈에 불을 켜고 달려드는 야당의 공격에 시달리는 것이 부담스럽다는 것이었다.

이름을 밝힐 순 없지만, 사회적 평판도 나쁘지 않고 나름대로 명망도 있던 한 인사는 처음엔 총리직 제안을 받아들였다. 하지만 며칠 뒤 내게 고사한다는 뜻을 전해 왔다.

"청문회에서 야당이 노골적인 정치적 공격을 퍼부을 텐데 아내와 자식들이 '아버지가 그런 일을 당하는 것을 보기 힘들다'고 심하게 반대해 어쩔 수 없습니다."

고심 끝에 총리직 제안을 받았던 다른 인사도 마찬가지였다. 우리 검증팀이 실시간으로 검증 답변서를 요구하고, 다양한 의혹에 대한 해명을 거의 한 시간에 한 번꼴로 요구하자 나중에 질렸다는 듯 "죄송하지만 생각이 바뀌었다. 총리직을 맡지 않겠다"고 말했다.

그 밖에도 관행적으로 이뤄지던 일들에 대해 검증팀이 "문제가 될 수 있어서 확실하게 해명해야 한다"고 요청하면 "정

당선인 시절을 포함한 재임 기간 중에 총리 인선 문제로 고생을 겪었다. 2013년 5월 11일 청와대에서 열린 주한 상공회의소 및 외국투자기업 관계자들과의 오찬 간담회에서.

말 이게 문제가 되나요?"라며 놀라는 분도 적지 않았다. 거절하는 인사가 하나둘 늘어날수록 내 고민도 점점 커졌다. "총리 후보자 찾는 일이 생각보다 쉽지 않구나…."

•

"총리 맡아 달라" 불쑥 부탁,
확답 안 한 김용준

등잔 밑이 어둡다는 말이 딱 이런 상황에서 나온 것일까. 고민이 깊어지던 내 눈에 옆에서 일하던 김용준 인수위원장이 들어왔다. 김 위원장은 세 살 때 소아마비를 앓아 지체장애 2급 판정을 받았고, 어머니 등에 업혀 학교에 다니는 등 고난의 학창 시절을 보냈다. 하지만 이를 극복해 검정고시로 서울대 법대에 진학했고, 만 19세에 사법고시에 합격하며 드라마틱한 인생을 살았다. 당시 만 75세로 적지 않은 나이였고, 정치 경험이 없다는 단점도 있었지만, 헌법재판소장을 맡으며 법조계에서 쌓은 인망이 두터웠고 인품도 훌륭했다.

무엇보다 당선인 시절 인수위에서 함께 일하면서 김 위원장을 유심히 지켜봤는데, 총리 적임자가 될 수 있을 것이라는 생각이 들었다.

인수위는 정부 조직을 빼닮은 다양한 분과로 구성되고, 그만큼 각양각색의 전문가들이 모인다. 내로라하는 전문가들이 한데 모여 토론하기 때문에 창의적인 아이디어가 쏟아지지만 자칫하면 인수위원들이 자기 주장만 내세우는 탁상공론으로 흐르기도 쉽다. 그런데 김 위원장은 인수위 회의가 결론을 내지 못하고 공전할 때면 적극적으로 나서 합의를 끌어냈고, 다양한 의견들을 적절하게 융화하면서 큰 말썽 없이 인수위를 이끌었다.

말을 하기 전 여러 번 생각하고 인내할 줄 안다는 것도 김 위원장의 장점이었다. 정치하다 보면 불필요한 말과 실언으로 설화(舌禍)를 일으키기 쉽고, 이로 인해 국민 정서를 자극하기 십상이다. 특히 과거 정부를 보면 국정 운영 과정에서 고위층 인사들이 설화를 일으켜 정부 업적이 묻혀버리는 일도 적지 않았다. 김 위원장은 그런 면에서 신뢰가 갔다.

김 위원장과 약속을 잡고 인수위 사무실에서 만난 나는 불쑥 총리직을 맡아달라고 제안했다. 갑작스러운 제안에 김 위원장은 잠깐 묵묵히 생각하다가 "생각할 시간을 조금 주십시오. 당장 결정할 사안은 아니고 고민해야 할 것 같습니다"라고 답했다.

며칠 뒤 김 위원장은 지명을 받아들이겠다는 뜻을 전했다. 막혀 있던 총리 인선 문제를 이제야 해결할 수 있다는 안도감이 들었다.

2013년 1월 24일 나는 인수위 사무실이 자리한 서울 삼청동 금융연수원 회견장에서 총리 인선을 발표했다.

"저와 함께 새 정부를 이끌어갈 총리 후보자는 현재 인수위원장을 맡고 계시는 분입니다."

당시 총리 인선은 철저히 비밀에 부쳤다. 언론에서 각종 추측성 기사가 난무했지만, 김 위원장을 예상한 보도는 거의 없었다. 현장에서 내 발표를 들은 정치부 기자들은 눈이 동그래지면서 깜짝 놀라는 기색이었다.

김 후보자 지명 뒤 정부 조직개편 등 미뤄뒀던 과제들을 정리하기 위해 본격적으로 팔을 걷어붙였다. 하지만 얼마 안 가

복병을 만났다. 김 후보자를 둘러싼 각종 의혹이 터진 것이다.

하나는 투기 의혹이었다. 김 후보자는 서울민사지법 부장판사 시절인 1975년 서울 서초동 법조타운 개발을 앞두고 당시 6, 8세였던 두 아들 명의로 서초동 땅을 매입했는데 이를 두고 "개발 정보를 미리 알고 땅을 산 것 아니냐"는 의혹이 제기됐다.

의혹 제기는 김 후보자의 가족으로 번졌다. 두 아들의 병역 면제 의혹이 대표적이었다. 김 후보자의 장남은 신장 및 체중 미달, 차남은 통풍을 이유로 병역을 면제받았는데 여론 반응이 차가웠다.

•

가족 공격에 김용준 "버틸 힘 없다"
만류에도 사퇴

언론의 의혹 보도가 연일 이어지고 야당 공격까지 거칠어지자 김 후보자는 힘들어하는 눈치였다. 김 후보자는 자녀 의혹이 제기된 지 며칠 되지 않아 내게 사퇴 의사를 밝혔다.

"일단 국민 앞에 소상하게 경위를 밝히고, 해명할 수 있는 일은 해명하는 것이 순서입니다. 조금만 더 기다려 주십시오."

나는 만류했다. 어렵더라도 함께 일했으면 좋겠다는 뜻을 전했다. 하지만 1월 29일 인수위원장실에서 김 위원장은 다시 한번 사퇴하겠다는 뜻을 밝혔다.

"국가를 위해 한번 제대로 일해 보고 싶었습니다. 저 자신에 대한 비판은 충분히 받아들이고 반성할 수 있지만, 가족들에게 화살이 겨눠지면서 제가 더는 버틸 힘이 없습니다. 죄송합니다."

결국 김 위원장은 그날 "부덕의 소치로 당선인에게 누를 끼쳤다"며 사퇴했다. 김 위원장의 사퇴로 본격적인 국정을 준비할 시간은 더욱 촉박해졌다. 그 이후 나는 대안을 계속 물색하다 2012년 총선 때 새누리당의 공천 심사를 부탁한 인연이 있는 정홍원 전 공천심사위원장을 총리 후보로 결정했다. 나는 2013년 2월 8일 정 전 위원장을 총리 후보로 지명했고, 정 총리는 그해 2월 26일 임기를 시작해 2015년 2월 16일까지 약

2013년 1월 29일 서울 종로구 통의동 인수위 회의실에서 열린 법질서사회안전분과 업무보고에 김용준 인수위원장과 함께 참석했다. 김 위원장은 이날 "부덕의 소치로 당선인에게 누를 끼쳤다"며 총리 후보자에서 물러났다.

2년 동안 총리직을 수행했다.

김용준 후보자가 낙마한 뒤 언론과 야당에서는 인선 시스템이 제대로 작동하지 않았다고 강하게 비판했다. 나는 회고록을 준비하면서 당시에 벌어진 일을 천천히 돌아봤다. 그리고 그런 비판을 인정할 수밖에 없었다. "그때 좀 더 철저하게 했더라면…" 하는 회한이 밀려 왔다. 변명의 여지 없이 의혹을 철저하게 들여다보지 못한 것은 인사의 최종 책임자인 나의 책임이 가장 크다.

다만 당시는 당선인 신분이어서 우리가 특정 인사를 선택하면 이명박 정부의 공직기강비서관실에서 검증하는 시스템이었다. 물론 이명박 정부도 적극적으로 협조했지만, 아무래도 우리가 직접 검증하는 것보다는 커뮤니케이션이나 대응 면에서 미흡했던 게 사실이었다.

세월호 참사에 정홍원 사의,
안대희 카드 뽑았지만…

초대 총리였던 정홍원 총리는 별다른 잡음 없이 원만히 총리직을 수행하고 있었는데 2014년 4월 16일 비극적인 세월호 참사가 터졌다. 정 총리는 4월 27일 참사에 대한 책임을 지겠다며 사퇴 의사를 밝혔다.

나는 국정 쇄신 차원에서 새 총리를 물색해야 했다. 당시 정치권에서는 새 총리가 세월호 사고를 제대로 수습하고, 동시에 관피아(관료+마피아)를 척결하며, 기득권 구조를 타파하는 등 혁신에 앞장서야 한다는 목소리가 컸다. 어느 날 한 여권의 중진의원이 내게 연락해 안대희 전 대법관을 강력하게 추천했다.

"며칠 전 안 전 대법관을 만나 대화를 해봤는데, 총리로 지명되면 혼란한 정국을 극복하기 위해 제대로 해보겠다는 의지가 강했습니다. 대통령께서 한번 검토해 주십시오."

보수 정당 입장에서는 아픈 기억일 수 있지만, 안 전 대법관은 대검찰청 중수부장 시절인 2003년 한나라당 '차떼기 수사'로 불리는 불법 대선자금 수사를 지휘하면서 강직한 검사로 이름을 알렸다. 이후 2012년 대선에서는 새누리당의 정치쇄신특별위원회 위원장을 맡아 역량을 입증했다. 당시 중수부 폐지 공약 등을 놓고 나와 의견 차이가 있었다. 하지만 정국 쇄신이 절실한 지금 상황에서는 나와 의견이 얼마나 일치하느냐의 문제보다 얼마나 쇄신의 적임자인지가 더 중요하다고 판단했다.

얼마 뒤 청와대에서 만난 안 전 대법관은 난국을 타개해 보겠다는 의욕이 넘쳐 보였다. 특히 그는 노무현 정부 시절인 2006년 대법관 인사청문회에서 무난하게 청문회를 통과한 이력도 있었다.

나는 안 후보자가 적임자라고 생각했다. 안 후보자 지명(2014년 5월 22일)을 기점으로 후속 개각에 돌입할 계획이었다. 교육·사회·문화를 총괄하는 사회부총리를 둬 국무총리가 경제부총리와 함께 내각을 이끌도록 상당한 권한을 주는 '책임내각' 도입도 구상했다.

하지만 얼마 뒤 언론에서 안 후보자가 개인 변호사로 일하며 5개월간 16억 원의 소득을 얻었다는 보도가 터져나왔다.

타개가 쉽지 않겠다는 생각이 퍼뜩 지나갔다. 안 후보자를 지명한 이유 중 하나가 청문회를 무난하게 통과하리라는 기대였는데 전관예우 논란은 너무나 예상 밖이었다. 보고를 받아보니 안 후보자는 2013년 4월부터 건국대 법학전문대학원 석좌교수로 일하다 약 석 달 뒤 개인 변호사 사무실을 열었다고 한다. 그리고 이때부터 5개월 동안 변호사 수임료 등으로 16억 원의 소득을 올렸다는 것이다.

불법이냐 아니냐의 영역을 넘어 충분히 국민의 감정선을 건드릴 수 있는 액수라는 생각이 들었다. 하지만 동시에 안 후보자의 해명이나 입장도 들어봐야겠다고 생각했다. 나는 일단 청와대 담당자들에게 안 후보자의 당시 수임 내역 등을 확실하게 조사하라고 지시했다.

안 후보자는 5월 26일 긴급 기자회견을 열어 고액 수임료를 받은 사실을 인정했다. "저의 소득은 변호사로서 최선을 다한 결과"라며 "30년 넘는 공직생활 동안 많지 않은 소득으로 낡은 집에서 오랫동안 생활한 가족에게 미안한 마음이 있어

안대희 후보자가 2014년 5월 28일 오후 정부 서울청사 창성동 별관 로비에서 후보직 사퇴 기자회견을 했다. 후보 지명 6일 만이었다.

어느 정도 보상해 주고 싶다는 생각으로 열심히 노력한 측면도 있다"고 해명했다. 그리고 세월호 사고 뒤 4억 7000만 원을 기부한 사실을 언급하면서 "남은 11억 원도 사회에 환원하겠다"고 밝혔다.

하지만 논란은 쉽게 사그라지지 않았고, 시민단체나 야당의 공격은 더 거세졌다. 답답함 속에 시간이 흐르고 있는데, 5월 28일 김기춘 비서실장이 "안 후보자가 더는 정부에 누를 끼치고 싶지 않다면서 오늘 사퇴하겠다는 뜻을 전해 왔다"고 보고했다.

책임내각 구상을 본격적으로 실현하기도 전에 총리 후보자가 낙마하다니 너무 안타까웠다. 나는 곧바로 안 후보자에게 전화를 걸어 "청문회를 거치지 않은 상황에서 사퇴 결심은 다시 생각해 주셨으면 한다"고 만류했다. 하지만 안 후보자의 사퇴 결심은 확고했다. 그는 그날 오후 5시 사퇴 기자회견을 열었다. 내가 안 후보자를 지명한 지 6일 만에 벌어진 일이었다. 안 후보자 주변에서 가장 최근에 벌어진 일을 제대로 체크하지 못해 벌어진 인사 실패였다. 이 점은 지금 되돌아봐도 아쉽다.

개인적 인연 없던 문창극,
틀 깬 총리 후보자 지명

안 후보자의 낙마로 인한 충격이 컸지만, 그렇다고 대체 인선을 손 놓고 있을 순 없었다. 나는 안 후보자가 사퇴하자마자 다시 새 총리 찾기에 몰두했다. 그리고 약 2주 뒤인 6월 10일 문창극 전 중앙일보 주필을 새 총리 후보자로 지명했다.

내가 문 후보자를 지명하자 정치권에서는 "예상하지 못했다"는 반응이 나왔다. 한 여권 중진 인사는 내게 궁금하다는 표정으로 "문 후보자와 과거에 알려지지 않은 인연이 있으셨습니까?"라고 묻기도 했다. 실제로 문 후보자를 지명한 것은 나로서도 기존의 틀을 깬 결정이었다. 그동안 중요 인사를 임명할 때면 나는 함께 일을 해봤거나 어느 정도 사람 됨됨이를 아는 사람을 선호했는데, 문 후보자와는 개인적 인연이 전혀 없었다.

하지만 나는 예전부터 문 후보자가 쓴 칼럼을 읽고 그가 국가관이 확실하고 통찰력이 참 좋은 사람이라고 생각했다. 특히 정홍원 총리나 앞서 낙마한 김용준·안대희 총리 후보자 모두 법조인 출신인데, 이번에는 언론계 출신이 총리를 맡으면 변화를 이끌 수 있지 않을까 하는 기대도 있었다.

문 후보자를 지명한 뒤 내부 반응이 엇갈렸다. 국가관이 확실한 문 후보자가 위기 상황을 극복할 수 있는 책임자라는 평가가 있었지만, 언론사 재직 시절 '천생 기자'라고 불릴 정도로 굽히지 않는 스타일인 그가 행정부를 이끌기에는 유연함이 부족하지 않겠느냐는 우려도 있었다. 하지만 나는 문 후보자의 장점에 더 큰 기대를 걸기로 하고 총리를 맡기기로 마음을 굳혔다.

그런데 문 후보자는 지명 하루 만에 논란에 휩싸였다. 문 후보자가 과거 자신이 장로로 있는 한 교회 특강에서 "'하나님은 왜 이 나라를 일본한테 식민지로 만들었습니까'라고 우리가 속으로 항의할 수 있겠지만, 하나님의 뜻이 있는 것"이라며 "너희들은 이조 500년 허송세월을 보낸 민족이고, 시련이 필요하다는 뜻"이라고 말한 게 도마에 올랐다. 문 후보자는 당시 한 시간가량 강연했는데, 위와 같은 특정 발언만 편집돼 6월 11일 KBS 뉴스로 보도됐다.

해당 발언이 조명되자 새정치민주연합에서는 "건국 이래 최대 인사 참사"라며 문 후보자가 식민 지배를 정당화했다는 취지로 공격을 퍼부었다. 반면에 여권에서는 "일부 발언만 입맛에 맞게 편집해 전체 맥락을 왜곡했다"고 반박했다. 문 후보자의 '하나님의 뜻' 발언은 식민 지배를 정당화한 것이 아니며, 당시 강연에서도 "(식민 지배는) 우리 민족을 단련시키려고 하나님이 고난을 주신 것"이라고 명확하게 부연 설명했다는 것이다.

하지만 공격은 계속 이어졌다. 교회 강연뿐 아니라 문 후보자가 과거 칼럼이나 대학 강의 등에서 "위안부 문제에 대해 일본의 사과를 받지 않아도 된다"고 언급한 것도 논란이 됐다. 이를 두고 문 후보자는 "반성은 일본 스스로의 문제이고, 그들이 진정한 사과를 해야 한다고 강조한 것"이라고 해명했다.

지명 하루 만에 예상치 않은 논란이 불거지자 우려가 커졌다. 식민지·위안부 문제는 민족의 아픔과 관련된, 정말이지 예민한 주제였다. 문 후보자의 발언 의도와 무관하게 전반적인 여론이 들끓고 있다는 보고가 여럿 들어왔다. 하지만 나는 문 후보자 발언의 전체 맥락을 살폈다. 물론 발언 자체가 예민한 주제를 건드렸고, 개인에 따라 일부 불편하게 받아들일 수 있는 부분이 없지 않았지만, 세간에 보도된 '편집 발언'과는 다르게 실제 발언 의도는 충분히 참작할 범위 안에 있다는 생각이 들었다.

나는 고민 끝에 문 후보자에게 계속 힘을 실어주기로 결심했다. 인사청문회에서 관련 논란에 대해 허심탄회하게 해명하고, 국가 운영에 대한 자신의 포부를 밝히면 여론이 달라지지 않을까 하는 기대도 있었다.

문 후보자에 대한 여야의 첨예한 대립이 이어지는 상황에서 5박 6일 일정으로 중앙아시아의 우즈베키스탄·카자흐스탄·투르크메니스탄 3국을 방문하기 위해 6월 16일 출국하는데 마음이 무거웠다. 순방 일정 중에도 수시로 청와대 관계자들에게 연락하면서 상황을 파악했다. 특히 당시 문 후보자의 조부가 독립운동을 하다가 순국한 문남규 선생이 맞는지를 두고 정치권에 논란이 일었는데, 나는 "국가보훈처에서 사실관계를 확실하게 따져서 조사해 달라"고 지시했다. 국가보훈처는 며칠 뒤 "한자 이름과 원적지가 동일하고, 문 후보자 부친 증언 등으로 미뤄 볼 때 대한애국단 단원인 애국지사 문남규 선생이 문 후보자 조부가 맞다고 판단했다"고 밝혔다.

하지만 '친일 프레임'이라는 딱지가 붙은 문 후보자를 둘러싼 사회적 논란은 쉽게 잦아들지 않았다. 나는 여전히 문 후보자의 발언에 대한 자의적 해석을 빌미로 한 야권의 사퇴 공세는 절대 받아들일 수 없다고 생각했다.

하지만 사회가 양극단으로 갈라진 듯한 심각한 대립이 계속되고, 야권 일각에서는 추가 의혹 제기를 벼르면서 공세의 고삐를 조여오자 심적 부담을 느낀 문 후보자는 결국 사퇴를 결심했다. 문 후보자는 6월 24일 "제가 사퇴하는 것이 박 대통령을 도와드리는 것"이라며 "제가 총리 후보로 지명받은 후 이 나라는 더욱 극심한 대립과 분열 속으로 빠져들어 갔고, 통합과 화합에 조금이라도 기여코자 하는 저의 뜻도 무의미하게 됐다"고 사퇴 배경을 설명했다. 지명 14일 만이었다.

연이은 총리 후보자들의 낙마로 인해 대대적인 개혁을 추진하려 했던 나의 구상은 차질을 빚고 말았다. 결국 우여곡절 끝에 당시 이완구 새누리당 원내대표를 새 총리로 지명했고, 2015년 2월 17일 임기를 시작했다. 하지만 얼마 가지 않아 '성완종 리스트' 사건이 터지면서 이 전 총리는 70일 만에 '최단

총리'라는 불명예를 안고 퇴진해야 했다.

•

정권 초 촘촘하지 못했던
검증 시스템

정부 출범 초기 애먹은 것은 총리 인선뿐이 아니었다. 김용준 총리 후보자는 물론 이동흡 헌재소장 후보자, 김종훈 미래창조과학부 장관 후보자, 김병관 국방부 장관 후보자 등이 줄줄이 낙마했다.

나는 상황의 심각성을 인지하고, 왜 이런 일이 발생했는지를 되짚어 봤다. 무엇보다 검증 과정이 미흡했다. 당시는 정부 초기였기 때문에 인사 검증이 후보자 본인의 답변을 기초로 진행됐다. 이 과정에서 몇몇 인사는 지극히 개인적인 문제를 답할 필요가 있느냐는 생각으로 답변을 누락하기도 했고, 일부 문제에 대해선 "당시에는 통용됐던 관행이었다"며 대수롭지 않게 생각하기도 했다.

정권 출범 직후부터 촘촘한 검증 시스템을 확립하지 못한 것은 지금 생각해도 무척 아쉽다. 후보자 본인이 제대로 답변하지 않더라도 우리 쪽에서 세세하게 파고들어 사실관계를 따질 수 있어야 했다. 하지만 당시 그런 시스템을 갖추지 못했기 때문에 특정 의혹이 불거졌을 때 후보자 본인이 강하게 부인하면 검증팀에서 그대로 믿어주는 일이 적지 않았다. 그래서 검증의 허점이 반복적으로 노출되자 내가 당시 검증팀을 크게 질책했던 기억이 난다.

●

신상털기에만 몰두하는
청문회 시스템

다만 이번 기회에 국회 청문 시스템에 대한 소회도 밝히고 싶다. 한 국가의 주요 직책을 맡는 사람을 고르는 데 있어 도덕 검증은 필수다. 국민 감정상 도저히 받아들이기 힘든 문제나 사회 상규에 어긋나는 도덕적 결함이 발견된다면 아무리 능력이 있더라도 낙마를 감수해야 한다.

하지만 진실이 무엇인지 확실하지 않은 애매한 논란이나 관례에 비춰 어느 정도 용인할 수 있는 문제라면 그때는 후보자의 의혹보다 그 사람이 조직을 제대로 이끌어갈 적임자인지에 더 무게를 둘 필요가 있다고 생각한다. 중대한 결격 사유가 아님에도 망신주기식 신상털기나 자극적인 정치 공세가 부각되면 정작 중요한 후보자의 식견이나 비전·역량은 묻혀버린다.

청문회는 특정 인사의 자격을 꼼꼼하게 검증하는 과정이지만 각종 인선 과정에서 결정적인 결함이 없는데도 정치권의 공격을 받아 만신창이가 되는 경우를 수없이 봤다. 상황이 이렇다 보니 충분히 공직 임명 가능성이 큰 인사들도 가족의 만류를 이유로 제안을 거절하는 바람에 안타까웠던 적이 한두 번이 아니었다.

이후 문재인·윤석열 정부에서도 각종 인사와 청문회를 둘러싼 잡음은 계속됐다. 공직을 맡을 인사에 대한 철저한 검증도 중요하지만, 그 과정에서 한 사람의 역량과 식견에 대한 검증보다 정치적 공세에만 치중해 오진 않았는지 우리 정치가 한 번쯤 되돌아봤으면 한다.

검찰총장의
혼외자 파동

탄핵 사태 이후 이어진 나에 대한 검찰 수사와 구속, 이후 재판과 수감 생활까지…. 세간에서는 나와 검찰의 관계를 '악연'으로 표현하기도 한다. 그리고 그 악연의 시작점으로는 '채동욱 사태'가 많이 거론된다.

내가 대통령 당선인이던 2013년 2월 7일, 이명박 정부의 마지막 검찰총장 추천위원회가 열렸다. 법무부 관계자와 민간위원 등 총 9명의 위원으로 구성된 추천위는 한상대 검찰총장의 후임으로 김진태(사법연수원 14기) 대검찰청 차장, 채동욱(14기)

서울고검장, 소병철(15기) 대구고검장을 추천했다.

당시 여권 일각에서는 안창호 헌법재판관이나 김학의 대전 고검장을 추천하는 분들이 있었는데, 실제 추천위에서 선정한 3명의 후보를 두고 의외라는 반응이 많았다. 특히 임기 말의 정권에서 소집된 추천위가 차기 정부의 검찰총장 후보자를 추천한 것을 두고 주변에서 "절차상 문제가 없다고는 해도 상식 밖의 일"이라고 우려의 뜻을 전하기도 했다. 하지만 당시만 해도 나는 큰 문제가 아니라고 생각했다. 정치 인생을 걸으면서 나는 검찰 조직과 특별히 가까운 것도 아니었고, 특정 검사 그룹과 친분이 두터운 것도 아니었다. 어디서 검찰총장 후보자를 추천하든지 결정적인 하자가 없고, 업무에 적합한 사람이라면 믿고 지명하겠다는 생각이었다.

나는 먼저 추천위가 추천한 세 명의 후보에 대한 주변의 인물평을 들었다. 검사 출신인 황교안 당시 법무부 장관도 채 고검장에 대해서 적임자라고 긍정적으로 평가했다. 결국 나는 3월 15일 우리 정부 첫 검찰총장에 채 고검장을 내정했고, 그는 인사청문회를 거쳐 4월 4일부터 검찰총장 임기를 시작했다.

그런데 정권 출범 초반 국정원 댓글 사건이 터졌다. 서울중

2013년 4월 17일 청와대 접견실에서 채동욱 검찰총장에게 임명장을 수여했다. 이후 채 총장은 혼외자 논란으로 9월 13일 자진사퇴했다.

앙지검은 2013년 4월 18일 특별수사팀을 꾸리고 윤석열 특수 2부장을 팀장으로 임명했다. 특별수사팀은 신속하게 수사를 진행한 것으로 기억한다. 원세훈 전 국정원장을 4월 29일 소환 조사했고, 4월 30일에는 국정원을 압수수색했다. 나는 일단 수사를 지켜보자는 입장이었다. 국정원 댓글 사건은 지난 정부에서 벌어진 일이고, 아직 사건의 실체가 제대로 드러나지 않은 상황이기 때문에 청와대에서 나설 일은 아니라고 생각했다. 검찰이 알아서 엄중히 조사하고 처리할 일이라고 생각했다. 나는 관련 보고를 받거나, 따로 수사 진척 상황을 알아보라고 지시하지도 않았다.

이런 상황에서 특별수사팀이 6월 11일 원 전 원장을 공직선거법 위반 혐의로 불구속기소하자 여권이 들썩대기 시작했다. 국정원 소속 인사의 '정치 관여'에 초점을 두는 국정원법 위반과 달리, 공직선거법 위반은 대선의 정당성과도 연결되기 때문에 "검찰이 너무하다"는 반발이 상당했다. 하지만 나는 대통령이 검찰 수사를 가지고 이래라저래라 하거나, 개입하는 듯한 인상을 주는 것은 바람직하지 않다고 생각했기 때문에 말을 아꼈다. 물론 이 사안이 정말 대선의 정당성까지 건드릴 문제인지에 대해서는 의문이 없지 않았지만, 수사는 검찰의 몫으로 맡겨두자는 생각이었다.

●

댓글 수사 혼란 속 터진
'채동욱 혼외자' 논란

그러던 중에 9월 6일 조선일보에서 논란의 기사가 1면을 장식했다. 채 총장이 2002년 한 카페 여사장과 사이에서 혼외자를 낳았다는 내용이었다. 이 보도가 나오기 며칠 전 청와대 내부에서 적지 않은 소란이 일었다. 당시 법조계 일각에서 관련 의혹이 공공연하게 거론되자 민정수석실이 약 한 달간 검증에 나선 것으로 기억한다.

보도가 나간 뒤 채 총장 측은 의혹이 사실이 아니라고 강하게 부인했다. 채 총장 스스로 9월 6일 오전 "전혀 모르는 일"이라고 반박했다. 채 총장 측은 또 "검찰 수사에 불만을 가진 세력이 배후에서 검찰 흔들기에 나섰다"고 음모설을 제기하기도 했다. 이를 놓고 일부 청와대 참모들이 "배후 세력이 대체 누굴 지칭하는 것이냐"며 반발하기도 했다.

정치권에서는 마치 국정원 댓글 사건 수사에 불만을 가진 청와대 측이 검찰총장을 공격하기 위해 논란을 만들어낸 것 아니냐는 뒷말도 나왔다. 검찰총장 임명 당시 그가 혼외자 문제에 얽히리라고는 상상도 못 했던 내 입장에서는 참으로 황당한 일이었다. 정치권과 법조계에서 수많은 낭설과 추측, 상대 진영을 향한 분노에 찬 발언이 뒤엉키며 혼란이 이어졌다. 내 생각은 확실했다. 가장 중요한 것은 사실 여부라고 생각했다. 만약 의혹이 사실이라면 채 총장은 검찰총장직을 유지할 수 없다고 생각했고, 사실이 아니라면 허위 정보를 퍼뜨린 이들이 대가를 치르고, 채 총장이 계속 총장직을 수행하면 될 일이었다.

그러던 중 황교안 법무부 장관이 내게 채 총장에 대한 감찰을 진행하겠다는 뜻을 밝혔다. 법무부 장관이 현직 검찰총장에 대해 감찰 지시를 내리는 것은 처음 있는 일이었다. 나는 "검찰총장 내정 전 검증단계에서 이미 나왔어야 할 사안을 지금 와서 감찰하겠다는 것이 답답하지만, 어쨌든 사실관계는 정확하게 가려보십시오"라고 말했다. 황 장관은 9월 13일 채 총장의 혼외자 의혹을 검찰총장의 지휘를 받지 않는 독립 감찰관에게 진상조사를 맡기겠다고 발표했다. 황 장관은 "검찰에 대한 국민 신뢰에 심대한 영향을 주는 사안이라 논란을 방치할 수 없어 논란을 종식하기 위한 조치"라고 설명했다.

•

"혼외자 터뜨려 채동욱 찍어냈다? 황당하단 말도 아깝다"

그런데 채 전 총장은 이 감찰 지시가 발표된 지 약 50분 만에 사의를 표했다. 원칙적으로는 정식 감찰이 시작되면 사표 수리를 할 수 없었다. 청와대 내부에서는 검찰 조직의 혼란을 막기 위해 사표를 수리해줘야 한다는 의견과 존재하지도 않는 혼외자 의혹을 만들어 검찰총장을 찍어낸 것이라는 유언비어를 막기 위해서라도 사표 수리 대신 감찰을 확실히 진행해야 한다는 의견이 엇갈렸다. 나는 고민 끝에 검찰 안정화를 위해 사표를 수리했다.

그렇게 우리 정부의 첫 검찰총장이 불미스러운 일로 물러났다. 나는 지금도 왜 검찰총장 후보자 추천과 검증 과정에서 이 의혹을 가려내지 못했는지 안타깝다. 나중에 들은 이야기이지 만 당시 법조계에서는 이미 관련 의혹을 공공연한 사실로 알 고 있는 이들이 꽤 많았다고 한다. 하지만 추천이나 검증 단계 에서 해당 의혹은 거론되지 않았다. 만약 내가 이 의혹을 사전 에 확실히 알았다면 채 총장이 검찰총장 후보자로 오르는 일 도 없었을 것이고, 올랐다고 해도 당연히 내정되지 않도록 조 치했을 것이다. 그랬다면 채 전 총장 본인도 고통스러운 일련 의 과정을 겪지 않아도 됐을 것이다. 채 총장의 사퇴를 전후로 불거진 "박 대통령이 국정원 댓글 사건을 막기 위해 채 전 총 장의 혼외자 논란을 터뜨린 뒤 찍어내게 했다"는 식의 낭설은 황당하다는 말조차 아깝다.

채 총장이 물러난 뒤, 윤석열 특별수사팀장의 '항명 파동'이 일어났다. 당시 윤 팀장은 조영곤 서울중앙지검장의 결재 없 이 영장을 집행했고, 2013년 10월 21일 서울고검 국정감사에 출석해 법무부, 검찰 수뇌부로부터 수사 외압을 받았다고 주 장해 논란이 일었다. 이후 윤 팀장은 정직 1개월의 처분을 받 았고, 감찰 결과 외압 의혹은 무혐의로 결정 났다. 조 지검장은 도의적 책임을 지고 취임 7개월 만에 자리에서 물러났다. 당시 나는 윤 팀장의 항명 파동에 대한 짤막한 보고를 받았던 것으로 기억한다.

•

이완구 총리 임명 직후 터진
'성완종 리스트'

2014년 안대희·문창극 국무총리 후보자가 잇따라 낙마한 뒤, 우여곡절 끝에 정홍원 총리의 후임으로 이완구 총리가 2015년 2월 17일부터 임기를 시작했다. 그런데 이로부터 두 달도 안 된 시점에 비극적인 사건이 터졌다. 당시 이명박 정부의 자원외교와 관련한 비리로 수사를 받던 성완종 전 새누리당 의원이 2015년 4월 9일 스스로 목숨을 끊은 것이다. 원래 기업가였던 성 전 의원은 2012년 19대 국회의원 선거에서 자유선진당 후보로 충남 서산시 서산군에 출마해 당선됐다. 이후 자유선진당은 선진통일당으로 이름을 바꿨고, 선진통일당이 19대 대선 직전인 2012년 10월 25일 새누리당과 합당하면서 성 전 의원은 새누리당 소속이 됐다.

나는 성 전 의원과는 평소에 많이 이야기를 나누거나 교류할 정도로 가까운 사이는 아니었다. 하지만 같은 당 소속이었던 만큼 안면이 있는 관계였다. 성 전 의원이 그런 선택을 하기까지의 전후 사정은 자세히 알지 못했지만, 이유가 어찌 됐든 참 안타깝다는 생각이 들었다.

그런데 성 전 의원이 숨진 다음 날인 4월 10일 정국을 강타하는 논란이 불거졌다. 성 전 회장의 품속에서 정·관계 인사 8명의 실명이 적힌 흰색 메모지, 이른바 '성완종 리스트'가 발견됐다는 사실이 수사 당국에 의해 공개되면서다. 이 메모지에는 성 전 의원이 로비했다고 주장하는 인사들의 이름과 액수 등이 적혀 있었다. 이름이 적힌 이들은 김기춘·허태열 전 대통령비서실장, 유정복 인천시장, 홍문종 새누리당 의원, 홍준표 경남지사, 부산시장(당시 언론에선 서병수 의원으로 추정), 이완구 국무총리와 이병기 대통령비서실장이었다. 이들 대부분이 소위 친박계 핵심 인사이거나, 청와대 요직에 있는 인사들이어서 파장이 매우 컸다.

나는 관련 보고를 받고서 사실관계를 정확하게 파악하라고 지시했다. 다만 리스트에 적힌 인사들에게 개별적으로 연락해 해명을 듣지는 않았다. 어차피 내가 구두로 확인을 하는 것은 큰 의미가 없다고 생각했고, 그것으로 사실 여부를 가릴 수도 없다고 생각했다. 객관적인 수사를 통해 밝힐 일이라고 봤다. 또 대통령인 내가 어떤 발언을 하거나, 행동을 취하면 수사에 영향을 줄 수도 있기 때문에 검찰 측에 지침을 주는 듯한 행동을 삼간 측면도 있었다.

하지만 성 전 의원이 극단적인 선택을 하기 전 한 언론과의 통화에서, 메모에 거론된 인사들에게 돈을 건넸다는 발언을 한 육성 파일까지 공개되면서 사안의 심각성이 더욱 커졌다. 검찰은 2015년 4월 12일 특별수사팀을 구성하고, 문무일 당시 대전지검장을 팀장으로 임명했다.

●

청와대서 만난 김무성
"이완구 사퇴 불가피"

이 사태로 가장 직격탄을 맞은 이는 이완구 총리였다. 이 총리는 "(돈을 받은) 어떤 증거라도 나오면 목숨을 내놓겠다"고 결백을 주장했다. 당시 정확한 사실관계를 파악할 순 없었지만, 나는 이 총리의 주장을 믿고 싶었다. 세월호 사태 이후 내가 염두에 둔 총리 후보자(안대희·문창극)가 잇따라 낙마해 곤욕을 치렀는데, 어렵사리 등장한 이 총리마저 임기 시작부터 암초에 부닥치면 어쩌란 말인가.

하지만 이후 공개된 성 전 의원의 다이어리에서 2013년 8월부터 20개월가량 성 전 의원이 이 총리와 23차례 만났다는 내용이 발견되면서 여론이 악화됐다. 여권 내부에서도 "이 총리가 결단해야 한다"는 식의 주장이 고개를 들면서 내 고심이 깊어졌다. 나는 일단 부정부패에 대해서 엄정 대처하겠다는 입장을 밝혔다. 2015년 4월 16일 국무회의에서 "부정부패에 책임 있는 자는 누구도 용납하지 않고, 정치 개혁 차원에서 이 문제는 반드시 바로잡고 넘어가겠다"고 강조했다.

또 예정돼 있던 중남미 순방의 출국 시간을 늦추면서까지 김무성 새누리당 대표를 청와대로 불러 4월 16일 오후 3시 15분부터 긴급회동을 가졌다. 이 총리 거취 문제에 대해 여당의 의견을 허심탄회하게 듣고 싶었다. 당시 김 대표는 굳은 표정

2015년 4월 28일 나는 이완구 국무총리의 사의를 수용하면서 "국정 공백 최소화를 위해 안타깝지만 사의를 수용했다"고 말했다.

으로 "이 총리의 사퇴는 불가피합니다"라고 건의했다. 곧 순방을 위해 나라를 비워야 하는데, 이런 일이 벌어져서 마음이 무거웠다. 순방 뒤 매듭을 짓기로 하고 전용기에 올라탔다.

순방 일정으로 페루에 머물던 4월 20일, 이완구 총리는 내게 물러나겠다는 뜻을 밝혔다. 나는 민경욱 청와대 대변인을 통해 "매우 안타깝고, 총리의 고뇌를 느낀다. 이 일로 국정이 흔들리지 않고, 국론분열과 경제 살리기의 발목을 잡지 않도록 내각과 비서실이 철저히 업무에 임해주기 바란다"는 입장을 냈다. 나는 귀국 후인 4월 27일 이 총리의 사표를 수리했다. 당시 순방 기간에 얻은 고열과 복통이 반복됐던 상황에서, 마음마저 지치는 듯한 기분이었다.

•

노무현 정부 시절
성완종 두 차례 특사 비판

나는 사표 수리 다음 날인 4월 28일 김성우 홍보수석을 통해 대국민 메시지를 발표했다. 나는 이 전 총리의 사의를 수용하면서 "국정 공백을 최소화하기 위해 안타깝지만 사의를 수용했다. 국민 여러분께 심려를 끼쳐드려 유감스럽게 생각한다"는 뜻을 밝혔다. 당시 언론의 이목을 끈 것은 내가 노무현 정부 시절 성 전 의원이 두 차례 특별사면을 받은 것을 비판한 대목이었다. 나는 대국민 메시지에서 "고(故) 성완종 씨에 대한 연이은 사면은 국민도 납득하기 어렵고 법치를 훼손했다"며 "이 문제에 대해서도 진실을 밝히고 제도적으로 고쳐져야 우리 정치가 한 단계 더 발전할 수 있다"고 말했다.

성 전 의원은 노무현 정부 시절인 2005년과 2007년 특별사면 됐다. 내가 대국민 메시지에서 특별사면을 비판한 것은, 당시 민정수석실로부터 관련 보고를 받고 확실히 문제가 있다고 판단했기 때문이다. 특히 성 전 의원 사건을 두고 야권에서는 마치 박근혜 정부 전체가 부패한 듯이 공격했는데, 정치적 공세에 대한 경고 차원도 있었다.

이후 검찰은 이 전 총리와 홍준표 경남지사를 함께 불구속 기소했다. '성완종 리스트'에 오른 다른 6명에 대해서는 무혐의 혹은 공소권 없음 처분을 내렸다. 이후 1심에서는 이 전 총리가 정치자금법 위반 혐의로 징역 6개월, 집행유예 2년의 유

죄 판결을, 홍 지사는 징역 1년 6개월을 선고받았지만, 항소심에서 두 사람 모두 무죄가 선고됐고, 대법원에서 무죄가 확정됐다.

이 전 총리는 이후 혈액암으로 투병하다가, 2021년 10월 14일 별세했다. 당시 수감 중에 이 소식을 듣고 마음이 너무 아팠다. 그래서 접견 온 유영하 변호사에게 대신 문상을 가서 따뜻한 위로의 말을 전해달라고 부탁했다. 다시 한번 고인의 명복을 빈다. 성완종 사태는 정부와 정치권에 커다란 후폭풍을 부르며 우리 정부의 '총리 잔혹사'를 이어가게 한 사건이었다. 이 전 총리 임명을 기점으로 임기 중반부 국정 개혁 드라이브를 추진하려 했던 나의 구상도 크게 엉클어질 수밖에 없었다.

통진당 해산을 반대한
문재인

2013년 8월께 국가정보원으로부터 긴급 보고를 받았다. 통합진보당의 경기동부연합을 중심으로 이석기 의원 등 100여 명의 인사가 이른바 지하혁명조직(RO, Revolutionary Organization)을 조직해 전국적 총파업과 무장봉기를 준비하고 있다는 충격적인 내용이었다. 이들은 통신·유류 시설 무력화, 유사시 파출소 습격, 총기 무장 등 무장혁명 투쟁까지 준비했고, 심지어 중국에서 북한 인사와 접촉한 사실까지 확인된 상태였다.

통합진보당은 원내 13석을 가진 제3 정당이었다. 그렇기 때문에 이들에 대한 수사는 신중해야 했다. 명확한 증거 없이 진행했다가는 되레 야권이나 시민단체 등으로부터 '야당 탄압'이나 '공안정국 조성'이라는 역공을 당할 위험도 있었다. 하지만 당시 국정원 보고는 '추정된다'는 식이 아니라 증거를 바탕으로 조목조목 이들의 혐의를 입증했다.

나는 통합진보당에 대한 우려를 그 이전부터 갖고 있었다. 통진당은 2012년 총선을 앞두고 민주노동당계(NL), 국민참여당계, 진보신당 탈당파(PD), 시민사회·노동계 등이 결합해 2011년 12월 만든 정당이었다. 총선에서 13석을 얻는 성적을 거뒀지만, 선거 직후 비례대표 후보 부정 경선 논란으로 내홍에 빠졌다. 이 과정에서 경기동부연합이라는 당내 주류 정파가 종북 노선이란 사실이 알려지면서 사회에 큰 충격을 안겼다.

"이석기, 지하혁명 RO 조직"
국정원의 긴급보고

비례대표로 당선된 이석기·김재연 의원이 경기동부연합 출신이었다. 이 조직의 리더였던 이 의원은 기존 진보단체처럼 주한미군 철수를 요구하는 수준을 넘어 아예 공개 석상에서 "애국가는 국가가 아니다" "종북(從北)보다 종미(從美)가 더 문제"와 같은 발언을 거리낌없이 하는 인사였다. 기자들과 자신의 보좌관을 '일꾼'이라는 북한식 용어로 부를 정도로 북한에 경도된 인물이었다.

나는 자유민주주의 사회가 다양한 가치를 포용해야 한다는 기본 전제에는 당연히 동의한다. 하지만 분단국가의 현실을 외면하고 안보를 뿌리부터 흔드는 세력까지 무조건 보호할 수는 없다. 더구나 정치인은 더욱 엄격한 잣대가 적용돼야 한다. 국회의원은 국방·외교 등 국가 안보와 직결되는 기밀자료를 열람할 권리까지 갖고 있기 때문이다. 이들이 확보한 자료가 북한에 넘겨질 가능성도 배제할 수 없는 만큼 2012년 총선 직후부터 경기동부연합 출신 정치인들이 국회에 들어오는 것을 막아야 한다는 목소리가 커졌다.

파문이 확산하던 2012년 6월 나는 이에 대한 입장을 묻는 기자들에게 "국회라는 곳이 국가의 안위가 걸린 문제를 다루는 곳인데, 기본적인 국가관을 의심받고 또 국민도 불안하게 느끼는 사람들이 국회의원이 돼서는 안 된다고 생각한다"고 말했다. 이어 "지금 국민이 통합진보당 사태에 대해 크게 걱정하고 있다. (이석기·김재연 의원이) 사퇴하는 것이 옳다고 본다"는 입장을 피력했다. 사퇴가 안 된다면 국회에서 '자격심사를 통한 제명'이라도 진행해야 한다는 생각이었다. 하지만 제1 야당인 민주통합당은 이에 대해 미온적인 태도를 보였고, 결국 유야무야 넘어갔다. 그리고 그해 대선에서 이정희 통진당 대표는 대선 후보로 출마했다.

"결정적 시기 오면
기간시설 파괴, 무장봉기 획책"

국정원은 내게 관련 보고를 한 뒤인 2013년 8월 28일 통진당에 대해 내란음모 혐의로 전격적인 압수수색을 벌였다. 통진당에 대한 수사가 만천하에 공개된 것이다. 이어 9월 4일 국회에서 이석기 의원에 대한 체포동의안이 통과됐고, 국정원 요원이 국회 의원회관으로 찾아가 이 의원에 대한 강제 구인을 실시했다. 이후 김장수 안보실장과 남재준 국정원장은 주기적으로 수사 상황을 내게 보고했다.

국정원이 확보한 경기동부연합의 내부 회의 녹취록에 따르면 이들은 대한민국 체제를 전복시키겠다는 목표를 뚜렷이 하는 행동강령을 채택했다. 결정적 시기가 오면 주요 기간시설을 파괴한 뒤 무장봉기를 획책한다는 전략은 북한의 대남 전략하고 다를 바가 없었다.

특히 주목해야 할 대목은 한국의 진보 정당을 장악한 뒤 적극적으로 의회에 진출해 결정적 시기를 준비하겠다는 내용이

들어 있었다는 점이다. 그러니까 이전까지는 권력체제의 외부에서 투쟁했다면 이제는 활동의 중심을 국회로 옮긴다는 얘기였다. 이들은 RO 조직원들의 국회의원 당선을 교두보 확보라고 표현했다. 즉 국회를 사회주의 혁명 투쟁의 교두보로 삼겠다는 의미였다. 그런 계획에 맞춰 이들이 통합진보당을 통해 국회로 진출하고, 대선까지 출마한 것이니 보통 심각한 일이 아니었다.

1948년 제헌의회 이래 국회에서 여러 일이 있었지만, 애국가를 안 불러도 그만이고, 국기에 대한 경례도 거부하고, 6·25전쟁이 남침인지 북침인지 알 수 없다는 정치세력이 국회에 들어온 적은 없었다. 과거엔 상상할 수도 없는 일이 벌어진 것이다. 그만큼 이 나라가 느슨해졌다는 방증이기도 했다. 이들은 언제나 현혹되기 쉬운 그럴듯한 단어들로 자신을 포장한다. 예를 들어 RO 강령에서 내세우는 자주·민주·통일은 언뜻 보면 좋은 말처럼 생각할 수도 있다. 그러나 이들의 자주라는 것은 미군 철수를, 민주는 남한 정권 타도를, 통일은 북한식 연방제 통일을 의미한다. 결국 이들이 말하는 자주·민주·통일이라는 것은 북한이 설정한 대남 투쟁 3대 과제와 같은 맥락이다. 하지만 요즘 우리 사회에서는 이런 점들을 교육하지도 않고 확실히 구별하지도 않기 때문에 종북 세력이 빈틈을 교묘히 파고든 것이다.

·

국가 안보 타협하면
대통령 맡을 이유 없어

대통령과 정부의 가장 중요한 사명은 국가와 국민을 지키는 것이다. 그런 만큼 이번 사안은 반드시 철저하게 조처해야 한다고 생각했다. 이 문제를 방치한다면 대한민국은 나라로 부를 수조차 없다는 것이 나의 소신이었다. 물론 국정원이 공개 수사로 전환하면 정치적 부담은 무척 커질 터였다. 야당에서는 과거 사례 등을 들어 '야당 탄압'이나 '공안정국' 등을 주장하며 대여 공세에 나설 것이 뻔했다.

하지만 내가 정치인으로서 갖고 있는 가장 큰 사명감 중 하나가 안보 문제였다. 안보에 대해선 타협하거나 야당의 반발이 우려돼 할 일을 피한다면 내가 정치를 하거나 대통령을 맡을 이유가 없다고 늘 생각해 왔다.

그래서 나는 과거 한나라당 대표 시절에 노무현 정부가 국가보안법을 없애겠다고 했을 때 주위의 만류에도 불구하고 추운 겨울에 장외 집회를 이어나간 것이다. 노 대통령이 "서해북방한계선(NLL)은 우리의 영토선이 아니다"며 대북 유화적 자세를 취했을 때도 "서해교전에서 NLL을 사수하기 위해 전사한 6명의 장병은 무엇을 위해 싸운 것이냐"고 강하게 비판했다. 나중의 얘기지만 2016년 한·일 지소미아(GSOMIA, 한·일 군사정보보호협정)를 체결했을 때도 마찬가지다. '논란이 있을 텐데 이것을 해도 괜찮을까' '찬반 여론이 어느 정도일까'를 고민하기 시작하면 모든 것이 다 부담이 될 수밖에 없다. 결정에 따르는 비난을 염려하기보다는 최선을 다해 설득하고, 어떨 땐 일부의 반대에도 강행할 수밖에 없는 경우도 있다.

덧붙이자면 논란이나 반발이 예상되는 정책을 추진할 때는 으레 참모진에선 '조금 늦추자'거나 '조금 조율하자'는 식의 신중론이 나오기 마련이다. 정면으로 반대하는 의견이 나올 때도 있다. 그런데 이석기 전 의원과 통합진보당 문제에서만큼은 이견이나 반대가 나오지 않았다. 그만큼 이 문제는 국가의 근간을 흔드는 사안이기 때문에 모두가 위기의식을 가졌던 것 같다.

국정원이 압수수색을 시작하자 통진당은 격렬하게 반발했다. 압수수색 당일 종적을 감췄다가 이튿날 나타난 이석기 의원은 "진보 민주세력을 탄압하려는 국정원의 날조·조작 사건"이라며 잡아뗐고, 당 차원의 항의 집회를 이어갔다. 어느 정도 예상된 반응이었다. 해방 이래 친북·종북 세력은 한 번도 스스로 혐의를 인정한 적이 없다. 그렇기 때문에 국정원도 몇 년에 걸쳐 은밀하게 조사를 벌여 증거를 확보한 것이다.

공개수사로 전환한 법무부는 정당해산심판 청구를 검토하기 시작했다. 2013년 9월 정당해산심판 청구 검토를 위한 태스크포스(TF)를 구성했으며, 11월 5일 정홍원 국무총리 주재로 열린 국무회의에서 법무부가 긴급 안건으로 상정한 '위헌정당해산심판 청구의 건'을 심의·의결했다. 법무부는 통합진보당 소속 국회의원의 의원직 상실, 정당 활동정지 가처분 등을 청구하면서 "이석기 의원이 주도하는 '혁명적 급진 민족해방(NL) 세력'이 과거 민족민주혁명당(민혁당) 시절의 종북 이념을 통진당에서 유지하고 있고, 그 목적이 북한의 대남 혁명전

략과 같다"고 밝혔다. 헌법재판소법 제55조(정당해산심판의 청구)에 따르면 정당의 목적이나 활동이 민주적 기본질서에 위배될 때는 정부는 국무회의의 심의를 거쳐 헌법재판소에 정당해산심판을 청구할 수 있다고 명시돼 있다. 당시 나는 유럽 순방 중이어서 전자문서로 이를 결재했다.

애초부터 통진당 해산이라는 시나리오를 짜놓고 시작한 일은 아니었지만, 법무부의 건의에 따라 정당해산심판 청구까지 진행되면서 여론의 관심은 더욱 커졌다. 헌재는 2013년 12월 24일 첫 준비기일을 연 이후 매달 두 차례씩 공개변론을 진행했고 법무부는 2907건, 통진당은 908건의 서면 증거를 제출했다. A4 용지 16만 7000쪽에 해당하는 기록은 종이 무게만 888kg, 높이는 18m에 달했다고 하니 엄청난 양이었다.

법무부는 18차례에 걸쳐 변론을 진행했고, 2014년 11월 25일 최종변론에서 정부를 대표한 황교안 법무부 장관은 "작은 개미굴이 둑 전체를 무너뜨린다"며 통합진보당의 해산을 요구했다. 나는 12월 19일로 잡힌 헌재의 선고가 국론 분열이 되지 않는 방향으로 나오기를 바랐다. 다행히 8:1이라는 압도적인 차이로 통과됐고, 이로써 통합진보당은 공식 해산됐다.

●

문재인 "통진당 해산 청구,
정치 결사 자유 중대 제약"

대한민국 체제를 전복하고 북한식 사회주의 체제 건설을 위한 활동을 전개하는 정당을 '자유'라는 이름 아래 방치하는 게 타당한 일인가. 나는 정치활동을 하다가 통진당 세력을 처음 접한 이래 늘 이런 염려와 불안을 떨쳐버릴 수 없었다. 그래서 헌재가 통진당의 공식 해산을 선고하면서 비로소 큰 짐을 내려놓은 기분이 들었다. 이에 대해 나는 2014년 12월 23일 국무회의에서 "헌법 수호 의지를 담은 역사적 결정"이라고 평가했다.

나는 이듬해 신년 기자회견에서도 "진보·보수 간 서로 상대를 인정하고 의견을 교환하면서 조화롭게 가는 노력도 필요하지만 그런 노력도 자유민주적 기본질서를 지키는 범위 내에서 해야 한다. 북한은 아직도 우리를 위협 중이고 남북 대치 상황인데, 이런 상황에서 우리 정체성까지도 무시하고 북한을 추종하는 세력은 용인·용납될 수 없다고 생각한다"고 강조했다.

국민들의 생각도 다르지 않았다. 통진당 해산 이후 중앙일보가 2014년 12월 19~20일 전국 성인남녀 1000명을 대상으로 벌인 여론조사에서 통진당 해산에 '찬성한다'는 답변은 63.8%였다. 반면에 제1 야당인 새정치민주연합은 떨떠름한 반응이었다. 문재인 당시 새정치민주연합 비상대책위원은 12월 10일 열린 당 비상대책회의에서 "통합진보당 정당해산심판 청구는 정치적 결사 자유에 대한 중대한 제약"이라고 주장했다. 사실 이전 수사 단계부터 야당에서는 1950년대 미국의 매카시즘에 빗대어 박근혜 정부가 무고한 자들에게 '빨갱이 사냥'을 벌이고 있다는 식으로 폄하하는 목소리가 나왔다. 위기 상황이 되면 어떤 단체나 사람의 본질이 가장 확실하게 표출되는 법이다. 평상시에는 평범하게 보여도 위기가 닥치면 그동안 가려졌던 실체가 딱 드러나게 돼 있다.

정당은 정권 창출을 목적으로 하는 정치 집단으로, 나라 전체의 국정을 맡을 수 있는 조직이다. 그렇기에 정당의 본질이 무엇이냐는 굉장히 중요한 문제다. 제2차 세계대전 당시의 독일 사례가 보여주듯 정권을 잡은 정당의 정체성에 따라 국가의 운명이 좌우될 수 있다. 체제 전복 음모가 드러나고 결정적인 증거가 나온 상황에서 제1 야당이 국가 안위를 지키기 위한 확고한 입장을 보였더라면 어땠을까. 국민들은 분명 정파적 이해를 떠나 국익을 위해 목소리를 내는 민주당에 큰 신뢰를 보냈을 것이라고 생각한다.

●

이정희 악감정에 보복?
터무니없는 얘기

일각에선 내가 2012년 대선 당시 이정희 통진당 후보에게 쌓인 개인적 감정 때문에 정치적으로 보복을 가했다는 터무니없는 얘기를 퍼뜨리기도 했다. 이 후보는 2012년 12월 대선 후보 TV 토론 때 내 면전에서 "저는 박근혜 후보를 반드시 떨어뜨릴 겁니다"라고 말해 파문을 일으켰다. 그때의 악연 때문에 내가 통진당을 해체했다는 것이다. 하지만 그런 얘기는 어디까지나 억지 주장에 불과하다. 내가 미워했기 때문에 멀쩡했던 통진당이 갑자기 체제 전복을 준비했단 말인가.

처음엔 수사에 대해 부정적이던 새정치민주연합도 체제 전복 증거가 명확하게 드러나자 더는 무시하지 못했다. 당시 국회에서 이석기 의원에 대한 체포동의안(2013년 9월 4일)은 찬성 258표, 반대 14표, 기권 11표라는 압도적인 차로 통과됐다. 만약 통진당에 대한 수사가 정치적 음모나 개인적 복수에서 비롯된 것이었다면 사사건건 대립하던 국회가 이런 일치된 결과를 만들 순 없었을 것이다.

"그는 내가 평소 알던 진영이 아니었다"

연금 문제를 다루는 것은 정치적 부담이 매우 크다. 여당도 소극적이다. 내가 임기 초 기초연금과 국민연금을 연계하는 방안을 추진했을 때도 마찬가지였다. 어르신 세대들은 대한민국 발전에 크게 기여했지만 자녀 교육 등으로 지출이 많다 보니 정작 은퇴 후에 본인을 위해 남겨놓은 것이 별로 없다. 그래서 어려운 분들이 최소한의 생활을 영위할 수 있도록 국가가 보장해주자는 차원에서 소득 하위 70%의 65세 이상 노인에게 월 9만 4000원을 지급하는 기초노령연금제도가 2008년부터 도입됐다. 이와 관련해 나는 2012년 대선 때 기초노령연금을 확대해 65세 이상 모든 노인에게 월 20만 원을 지급하는 기초연금 공약을 내걸었다.

•

'65세 이상 노인 월 20만 원' 공약 못 지킨 이유

그런데 막상 대통령이 되고 보니 재정 상황이 예상했던 것보다 상당히 좋지 않았다. 이전 이명박 정부에서 세수(稅收)를 너무 크게 잡아놓고 국정을 추진해 내 임기 첫해부터 세입세출이 마이너스였다. 이런 상황에서 정부 지출을 확대하는 공약을 무조건 지키겠다고 고집하기 어려웠다. 내가 욕을 먹더라도 공약을 손질하는 수밖에 없었다. 그래서 관련 전문가들과 상의한 결과 소득 하위 70%의 노인을 대상으로 매달 10만~20만 원의 기초연금을 국민연금 가입 기간과 연계해 차등 지급하는 것으로 조정했다. 당연히 야당을 중심으로 반발이 나왔다. 국민연금과 연계하면 기초연금이 줄어든다는 이유였다.

그러나 국민연금은 가입 기간이 늘어남에 따라 연금 수령액이 증가한다. 국민연금 가입 기간이 길어서 기초연금은 다소 줄더라도 국민연금 쪽 증가분을 고려하면 전체적인 연금액은 손해라고 볼 수 없었다.

무엇보다 내가 염두에 둔 것은 연금제도의 장기적 안정성을 확보해야 한다는 점이었다. 나라 곳간이 충분하다면 모르겠지만, 사정이 어려운 게 확인된 만큼 국가가 빚을 내면서까지 무리하게 모든 노인에게 기초연금 20만 원 전액을 지급할 수는 없겠다고 판단했다. 무리하게 돈을 주기 시작하면 기초연금의 토대가 불안정해지기 마련이다.

일각에서는 국민연금과 연계하는 것까지는 좋지만 가입 기간이 아니라 소득에 연계시키자고도 했다. 하지만 정부 관계자들과 이야기해보니 자영업자 소득을 보겠다며 전수조사를 하기 시작하면 큰 혼란이 벌어질 것이라는 우려가 컸다. 행정적으로 너무 복잡하고 시간이 오래 걸리기 때문에 가입 기간으로 기준을 잡는 게 합리적이라는 것이다. 결과적으로 이 판단이 맞았다고 본다.

어쨌든 공약을 100% 지키지 못한 셈이 됐다. 공약을 만들

2013년 9월 26일 청와대에서 열린 임시국무회의에서 기초연금 축소에 대해 사과했다.

당시 정확한 자료를 다 받지 못하다 보니 벌어진 일이지만 국민께는 송구하기 짝이 없었다. 하지만 내 공약을 지키겠다고 재정을 망가뜨리는 것보다는 낫다고 생각했다.

나는 2013년 9월 26일 국무회의에서 기초연금 축소와 관련해 "어르신들 모두에게 지급하지 못하는 결과에 죄송한 마음"이라고 사과했다. 이어 다음 날도 대한노인회 임원들과 노인복지단체연합회 관계자 등을 청와대로 초청해 오찬을 하면서 "당초 계획했던 것처럼 모든 분께 다 드리지 못하고 불가피하게 수정할 수밖에 없는 상황이 돼서 저도 참 안타깝고 죄송스러운 마음"이라고 거듭 사과했다.

당시 이 문제는 연일 언론을 뒤덮었다. 그런데 야당도 야당이지만 주관 부처 담당자인 진영 보건복지부 장관이 기초연금 축소에 반대한 게 문제를 더 크게 확대했다. 진 장관은 "보건복지부 장관으로서 이걸 어떻게 국민한테 설득하라는 말이냐"며 거세게 반대했다. 진 장관은 내가 한나라당 대표 시절에 비서실장을 했고, 대통령직인수위원회 때부터 부위원장으로서 정책을 다듬었다. 진중하고 일 처리도 무난하기 때문에 복지 예산처럼 중요한 것을 챙기는 것은 가장 잘할 수 있을 것으로 기대했다. 진 장관의 거친 반발은 굉장히 놀랍고 뜻밖이었다.

나는 진 장관이 오해하고 있다고 생각해 조원동 경제수석을 보내 설득을 시도했으나 진 장관은 끝내 자신의 의견을 굽히지 않았다. 결국 진영 장관은 2013년 9월 27일 e메일로 사직서를 제출했다. 이어 복지부 출입 기자들에게도 '보건복지부 장관직을 사임하면서'라는 제목의 e메일을 보내 사퇴를 공식화했다. 장관이 청와대와 충분한 상의도 없이 일방적으로 사의를 발표하니 당황하지 않을 수 없었다. 내가 평소 알고 있던 진영 장관의 모습이 아니었다.

어찌 됐든 대통령직인수위 부위원장으로 복지 분야 국정 과제 수립에 깊게 관여했던 그가 기초연금 처리를 마무리하지 않은 채 청와대와 의견이 다르다며 장관직을 그만두는 것은 무책임하다고 생각했다. 그래서 나는 정홍원 총리를 통해 사직서를 반려했다.

정 총리는 27일 보도자료를 내 "현재 새 정부 첫 정기국회가 진행 중이고 국정감사도 앞두고 있으며, 복지 관련 예산 문제를 비롯해 시급히 해결해야 할 일들도 많다"며 "이렇게 중요한 시기에 장관의 사표를 받을 수 없어 반려했다"고 밝혔다. 이는 내가 진 장관에게 보내는 메시지였다.

•

진영 장관 면담 요청, 전달 못 받았다…
끝내 아쉬움

하지만 진 장관은 물러서지 않았다. 복지부로 출근도 하지 않았고, 국회에도 모습을 드러내지 않았다. 결국 나는 어쩔 수 없다고 보고 9월 30일 진 장관의 사표를 수리했다. 나는 이날 청와대 수석비서관 회의를 주재한 자리에서 진 장관의 처신을 우회적으로 비판했다.

"국민을 대신해 정책을 입안하는 정부와 국무위원, 수석들은 책임감과 사명감을 갖고 모든 일을 해야 합니다. 비판을 피해 간다고 문제가 해결되지는 않습니다. 당당하게 모든 문제를 해 결해 낼 수 있다는 의지와 신념이 결국 그 문제를 해결해 내는 것입니다."

진 장관이 사표를 내기 전에 나에게 면담을 요청했지만 불발됐다는 이야기가 나중에 언론을 통해 나왔는데, 사실 나는 당시 그런 요청을 전달받은 적이 없다. 돌이켜 보니 그때 직접 만나서 허심탄회하게 이야기를 나눌 수 있었다면 좋았을 것 같다는 아쉬움이 끝내 남는다. 나중에 진 장관은 20대 총선 직전인 2016년 3월 더불어민주당으로 건너가 4선 고지를 밟았고, 문재인 정부에서 행정안전부 장관을 지냈다. 2013년 진 장관이 복지부 장관을 그만둔 뒤 나는 그를 두 번 다시 만나지 못했다.

●

인기 없던 담뱃값 인상,
청소년 흡연 차단 위해서였다

내 임기 때 추진한 인기 없는 정책을 꼽으라면 담뱃값 인상도 빠지지 않을 것이다. 담뱃값을 인상하겠다고 하자 세금을 더 거두려고 추진한다는 원성이 높았다. 하지만 단순히 그런 이유만은 아니었다고 분명히 말할 수 있다.

담뱃값을 인상한 것은 성인도 성인이지만, 무엇보다도 청소년들을 담배로부터 최대한 차단하기 위해서였다. 당시 청소년 흡연이 사회적 문제로 부상했다. 고3 학생들의 경우는 흡연율이 25%, 즉 4명 중 1명이 흡연을 했다. 청소년 때부터 흡연을 시작하면 장기간 니코틴이 쌓이면서 건강상 악영향을 주게 된다. 정부 관계자, 전문가들과 논의해보니 청소년을 흡연으로부터 거리를 두는 데 가장 효과적인 방법이 담뱃값 인상이라고 했다.

물가는 계속 올랐지만, 저항이 크다 보니 담뱃값은 거의 올리지 않았다. 그러다 보니 세계적으로 우리나라 담뱃값이 너무 저렴해졌고, 청소년들이 쉽게 접근할 수 있다는 것이다. 나는 야당 대표 시절 노무현 정부에서 담뱃값을 500원 올린다고 했을 때 '왜 서민을 힘들게 하느냐'고 반대한 적이 있는데, 그때는 청소년 흡연율 문제라는 게 이처럼 심각하지는 않았을 때였다. 하지만 이제는 청소년들의 흡연율 문제가 심각해진 만큼 정부가 적극적으로 개입하지 않을 수 없었다.

또 흡연으로 인한 사회적 비용으로 1년에 7조 원가량이 투입되는데, WHO에 따르면 우리는 적극적 금연 정책을 안 하는 '금연 후진국'에 속해 있었다. 2014년 한국보건사회연구원이 발간한 '우리나라의 금연정책 통합지수' 보고서를 보면 우리나라는 통합지수를 비교할 수 있는 경제협력개발기구(OECD) 회원국 27개국 가운데 25위를 차지했다. 흡연 경고 정책, 담배 광고 규제 분야도 하위권이고, 금연정책에서 우선순위가 높은 담배가격정책지표에선 평가 가능한 34개국 가운데 한국이 최하인 34위를 차지했다.

처음에는 나도 담뱃값을 올리기보다 금연 구역을 넓히는 방향으로 접근했다. 음식점을 비롯해 당구장·체육시설 등의 금연 구역을 확대했다. 하지만 이것은 간접흡연 방지에 초점을 둔 제한적인 정책이기 때문에 한계가 있었다. 결국 담배를 사지 못하게 하는 게 요점이다. 그래서 2015년 1월 1일부터 담배 가격도 2000원이나 올렸고, 담뱃갑 경고 그림도 의무화하도록 했다. 이것도 청소년들한테는 굉장히 효과가 크기 때문이다. 이런 노력을 거쳐 청소년 흡연율이 2012년 11.5%에서 2016년 6.3%까지 감소했다.

이처럼 흡연의 사회적 비용을 줄이고 청소년 흡연율을 낮추자는 것이 당시 담뱃값 인상의 근본적 이유였다. 세금은 부차적으로 따라오는 문제였다. 청소년과 국민 건강 문제가 없었다면 군이 약간의 세금을 더 걷겠다고 그렇게까지 미움받는 정책을 추진할 필요가 없었다.

2013년 추진한 세법개정안도 담뱃값 인상 못지않게 저항이 큰 정책이었다. 소득공제를 세액공제로 전환하면서 중·고소득자를 중심으로 세금을 더 내게 됐다는 반발이 나왔다.

기존에 의료비와 교육비, 기부금, 보장성 보험료, 연금저축·퇴직연금 등 특별공제와 인적공제 항목을 소득공제로 적용하던 것을 세액공제 방식으로 전환한 것이다. 소득공제는 연 소득에서 공제항목별 지출을 비용으로 인정하고 이를 차감한 뒤 과세기준이 되는 과표기준을 산정한다. 그래서 공제항목에 돈을 많이 지출하면 과표기준이 낮아진다. 그 비용은 소득으로 잡히지 않기 때문이다. 예를 들어 연 소득이 8000만 원인 사람이 교육비 등에 2000만 원을 썼다면 연 소득을 6000만 원으로 산정하는 식이다. 그렇기 때문에 이런 식으로 소득 공제를 하면 아무래도 저소득층보다 교육비나 의료비·보험료 등에 많이 투자하는 고소득층의 소득공제 혜택이 더 커질 수밖에 없다.

반면 세액공제는 소득 전체를 과표기준으로 삼는다. 8000만 원의 연 소득에 대해 일단 세금을 거둔 다음 교육비나 의료비 등 공제되는 항목별로 쓴 돈의 일부를 돌려주는 방식이다. 비슷해 보이지만 일단 과거보다 소득세를 더 많이 내야 했고, 이후 교육비나 의료비 등에서 과거만큼 지출하지 않으면 돌려받는 금액은 줄어들게 됐다. 또 과표를 매긴 소득 수준이 전보다 올라가다 보니 지출을 과거보다 늘리지 않으면 연말정산에서 세금을 더 내야 하는 경우도 있었다. 그러다 보니 중·고소득층에선 "세금이 올라갔다"며 인기가 없는 정책이 됐다. "보수정당이 이럴 수 있느냐. 배신감을 느낀다"는 불만도 나왔다고 한다. 여기에 당시 조원동 청와대 경제수석이 국회에서 세법개정안을 설명하면서 "거위가 고통을 느끼지 않게 깃털을 살짝 빼내는 식으로 세금을 더 거두는 것"이라고 표현하는 바람에 논란에 불을 지르기도 했다.

조원동 수석의 표현은 부적절한 측면이 있었을 뿐 아니라, 애초에 내가 이 정책을 추진한 목적도 잘못 설명한 것이다. 위에서도 언급했지만 이 정책을 추진한 것은 과세 형평성 때문에 시작한 것이지, 세금을 올리려고 했다면 이렇게 꼼수 비슷하게 할 필요는 없었다.

앞서도 언급했지만 내가 임기 중 가장 신경을 많이 쓴 것 중 하나는 국가 재정 건전성이었다. 한국은 서구보다 복지 정책의 도입 속도가 무척 빠르고, 저출산 고령화 문제도 급속히 심각해지고 있다. 여기에다 장래의 통일에 대비한 잠재적 재정 수요도 만만치 않다. 이런 것들을 고려하면 정부는 안정적 세입 기반을 확충하도록 노력해야지, 지금 돈이 있다고 펑펑 쓰다가는 훗날에 큰 고난을 겪게 된다. IMF 사태도 우리나라 재정이 그런대로 괜찮았기 때문에 극복을 한 것이지, 빚덩어리를 안고 있었으면 매우 힘들었을 것이다. 그래서 지도자는 늘 곳간을 착실하게 챙겨야 한다. 나는 경제 참모들에게 늘 GDP 대비 국가부채율이 40%를 넘으면 안 된다고 강조했다. 가능하다면 30%에 맞추자는 것이 나의 지론이었다.

●

2016년 초과 세수 10조 원 쌓였는데…
문 정부 국가부채율 50% 넘어

임기 첫해인 2013년에는 국세 수입 증가가 마이너스였다. 하지만 많은 노력을 통해 국세 수입 증가율은 2014년에 1.8%, 2015년 6.0%, 2016년에는 11.3% 등 매년 증가했다. 특별히 증세하지 않았는데도 세입 여건이 개선된 것이다. 예를 들어 문재인 정부는 2017년 집권 후 1년여 동안 두 차례 추경으로 만 13조 5000억 원을 썼는데 국가 채무는 한 푼도 늘지 않았다. 내가 재임 시절 세운 계획에 따라 2017년 세수가 집행된 덕분이다. 이처럼 예전에 내가 주창한 '증세 없는 복지'에 대해 비판도 많았지만 과세 형평성을 현실화하고 재정 건전성을 위해 노력하면 된다.

공기업을 포함한 공공부문 채무도 마찬가지다. 예를 들어 정부에서 어떤 사업을 추진하다가 힘들어지면 공기업에 떠맡긴다. 그러면 공기업 부채가 늘어나게 되지만 정부는 책임의식이 없다. 나중에 공기업 측에 왜 이렇게 부실하냐고 따져 물으면 "정부가 하라는 것을 해서 이렇게 됐다"며 책임을 떠넘기기 십상이다. 최근의 한전 부실 문제도 이런 구조와 무관하지 않다. 그래서 정부 사업과 공기업 사업은 명확하게 구분해야 한다. 그러면 정부도 조심하고, 공기업도 책임의식을 가지고 할 수밖에 없다. 이렇게 국가 살림을 아끼고 재정을 건전히 한 것은 예전에 부모님을 보면서 자란 영향도 있다. 아버지의 국정 철학이나 살림살이 낭비를 싫어하셨던 어머니의 영향이다. 내가 대통령 취임 후에도 청와대에서 늘 불을 끄고 다녔던 습관도 그런 데서 비롯됐는지 모른다.

재정 건전성에 신경을 바짝 쓴 결과 내가 임기를 마치게 된 2016년 당시 초과 세수는 10조 원에 육박했다. 이렇게 쌓인 돈은 문재인 정부가 들어서면서 매우 방만하게 운용된 것으로 알고 있다. 문재인 정부에선 국가부채율이 50%를 넘겼다. 정치인들이 말로는 항상 '피 같은 세금'이라고 하면서도 정작 집권하면 너무나 쉽게 세금을 쓰는 경향이 있다.

'세월호 7시간'의
황당했던 루머

세월호 참사는 내 재임 중 벌어졌던 일들 가운데 가장 처참했던 기억으로 남아 있다. 먼저 2014년 4월 16일에 발생한 세월호 침몰사고로 인해 단원고 학생을 비롯한 304명의 희생자가 발생하고, 국민 여러분께 큰 상처를 남기게 된 점에 대해 이 회고록을 빌려 다시 한번 진심으로 사과드린다. 이 참사에 대해서는 당시 국정을 책임졌던 내가 누구보다 큰 비판을 받아야 한다고 생각해 왔다.

그랬기에 당시 세간에서 나와 관련해 제기됐던 온갖 의혹이

나 추문에 대해서 일일이 해명하려고 애쓰지 않았다. 하지만 그 때문에 사실이 아닌 것들이 사실처럼 받아들여지고 그게 또다시 사회를 분열시키고 혼란스럽게 만드는 악순환이 발생했다. 그래서 나는 이번 기회를 통해 당시에 어떤 일이 있었는지를 소상히 밝히려고 한다.

2014년 3월 말은 대통령에 취임한 이래 가장 바쁜 시기 중 하나였던 것으로 기억한다. 시작은 3월 20일에 열린 규제개혁 장관회의였다. 대통령이 되고 규제개혁을 여러 번 강조해 왔기에 실질적인 성과를 내고 싶었던 나는 당시 회의에서 "물건을 빼앗는 것만 도둑질이 아니라 일자리를 규제로 빼앗는 것도 도둑질"이라고 강조하며 혼신의 힘을 다했다. 현장 분위기가 후끈 달아오르면서 회의가 무려 일곱 시간에 걸쳐 진행됐다. 오후 2시 시작한 회의가 저녁도 거른 채 오후 9시에 끝났을 때 나는 완전히 탈진한 상태였다.

이틀 뒤엔 3월 24~25일 네덜란드 헤이그에서 열리는 핵안보정상회의에 참석하기 위해 비행기에 올랐다. 약 14시간의 비행을 거쳐 네덜란드에 도착했을 때 헤이그는 이미 밤이었다. 몸이 물에 젖은 솜처럼 무거웠지만, 한·중 정상회담을 위해 곧바로 시진핑(習近平) 중국 국가주석과 만나야 했다. 북한 핵 문제와 자유무역협정(FTA) 협상 문제 등을 논의하는 중요한 자리였다. 이어 열린 핵안보정상회의도 한국, 미국, 일본, 중국 등 53개국 정상이 참석한 국제회의였다. 나는 24일 개막 세션에서 기조연설을 맡았고, 다음 날에는 한·미·일 정상회담이 열리는 등 강행군이 이어졌다. 한·미·일 정상회담은 몸이 너무 안 좋아 링거를 맞고서야 겨우 참석했는데, 아베 신조(安倍晉三) 일본 총리의 한국말 인사를 제대로 듣지 못해 오해를 받았을 정도였다. 헤이그 일정을 마친 뒤엔 3일간의 독일 순방이 이어졌다.

이렇게 5박 7일간의 빡빡한 순방 일정을 마치고 귀국한 직후엔 시차 적응까지 겹치며 손가락 하나 까딱할 기운도 없었다. 하지만 국내에서도 일정이 연일 이어졌다. 3월 31일부터 4박 5일 일정으로 재외공관장 회의가 열렸다. 각국에 파견된 외교관들이 참석하는 행사인데, 나는 4월 1일 청와대 영빈관에서 열린 만찬을 주재했다. 오랜만에 고국을 찾은 이들을 앉아서 맞이할 수는 없다고 생각해 입구에 서서 한 명, 한 명 인사를 나누고 각 나라의 상황도 물어보다 보니 선 채로 1시간이

홀쩍 지나갔다. 8일에는 방한한 토니 애벗 호주 총리와 만나 한·호주 정상회담을 가졌고, 14일에는 21명의 대사에게 신임장을 수여했다. 겉으로는 멀쩡해 보였을지 몰라도 실상은 몸이 부서지는 듯했다.

이런 나의 상태가 주변에 아슬아슬하게 비쳤던 모양이다. 하루는 정호성 비서관이 나에게 "대통령님, 차라리 하루만 일정을 비우고 휴식을 취하시는 것이 어떻겠습니까"라고 건의했다. 사실 나도 '이러다가 큰일나겠다' 싶었던 차라서 "그렇게 하겠다"고 답했다. 무리하게 몸을 축내는 것보다 관저에 머무르면서 업무를 보는 편이 낫겠다고 판단한 것이다. 관저라고 해도 서재나 책상 등이 있어 충분히 업무가 가능한 환경이다. 그렇게 해서 쉬기로 한 날이 바로 운명의 날인 4월 16일이었다.

세월호 사고가 일어난 뒤 야당에선 내가 이날 왜 본관에 가지 않고 관저에 머물렀는지를 놓고 여러 의혹을 제기했다. 나중에 알아보니 정호성 비서관은 쉬기로 했던 4월 16일에 나의 연가 신청을 처리하지 않았다. 아마도 비공식적인 자체 휴일 정도로 간주했던 모양이다. 그러니까 이날을 공식 휴가로 생각했던 나와 혼선이 있었던 것이다. 이것은 이날 무수히 벌어진 혼선의 예고편이었다.

●

강행군 뒤 관저서 휴식⋯
첫 보고 7~8분 늦어

4월 16일 오전은 당연히 공식 일정이 없었지만 일상은 평소와 크게 다르지 않았다. 본관에는 가지 않는 대신 관저에서 그동안 처리하지 못했던 보고서 등을 읽으며 시간을 보낼 참이었다.

나중에 확인된 바로는 세월호가 기울어진다는 신고가 119에 처음 접수된 것은 이날 오전 8시 54분이다. 김장수 안보실장이 사고 발생을 인지한 것은 9시 30분, 상황보고서 초안을 받고 나에게 직통전화를 걸었던 때가 오전 10시 12~13분이었다.

이때까지 사고 사실을 모르고 있던 나는 보고서를 읽다가 참고할 자료를 찾느라 휴대전화를 놔둔 채 다른 방에 가 있었다. 쉬는 날인 만큼 경계심이 다소 느슨해진 면도 있었다. 휴대전화를 그곳까지 들고 가야 한다고 생각하지 않았던 것이다. 상황이 급박했기에 김 실장은 계속 통화를 시도하기보다 안보실 직원을 통해 상황보고서 1보를 바로 관저로 보냈다. 그때가 오전 10시 20분이었다. 많은 이가 비판하듯이 이때 나에게 첫 보고가 들어오는 데 약 7~8분이 늦어진 것이다.

보고서를 받아본 나는 깜짝 놀랐다. 배 안에 수백 명이나 탑승하고 있다고 하니 무엇보다 이들의 안전부터 확보하는 것이 중요했다. 나는 곧바로 김 실장에게 전화를 걸어 "무엇보다 인명피해가 없도록 해야 합니다. 객실 곳곳을 다 찾아서 누락 인원이 없도록 하세요"라고 지시했다(오전 10시 22분). 그래도 안심이 되지 않아 바로 다시 전화를 걸어 "배 곳곳을 샅샅이 다 뒤져야 합니다"라고 거듭 강조했다. 이어 김석균 해양경찰청장에게도 전화를 걸어 "해경특공대라도 투입해 여객선의 객실과 엔진실까지 철저하게 확인해 단 한 명의 인명피해도 발생하지 않도록 하세요"라고 주문했다(오전 10시 30분).

이것이 세월호 사고 발생을 인지한 직후 청와대의 첫 대응이다. 나중에 알게 된 사실이지만, 해경이 현장에 도착했던 오전 9시 30분쯤 세월호는 좌현으로 기울어져 복원력을 상실했

세월호 참사 당일인 2014년 4월 16일 오후 5시에 중앙재난안전대책본부를 방문했다. (위)

2014년 5월 4일 전남 진도 팽목항에 마련된 가족대책본부를 방문해 실종자 가족들과 만난 뒤 구조,수색 작업을 점검하기 위해 해경 배를 타고 있다. (아래)

고, 1시간 뒤에는 거의 침몰한 상태였다(오전 10시 30분).

하지만 당시엔 아직 현장 화면이 확보되지 않았고, 침몰 사실도 전달되지 않았다. 그래서 나는 구조 장비를 총동원하고 해경이 투입되면 승객들을 구조할 수 있을 것이라고 생각했다. 청와대의 대체적인 분위기도 그랬다. 이후 국가안보실을 통해 두 차례(오전 10시 40분, 11시 20분) 상황보고서가 도착했지만, 배가 침몰했다거나 상황을 비관적으로 보고하는 내용은 없었다.

·

'전원 구조' 보도에 안도…
확실히 안 따진 것 안이했다

오전 11시쯤 관저에서 작은 탄성이 나왔다. 당시 YTN을 틀어놓고 있었는데 '전원 구조'라는 보도가 나온 것이다. 나는 참 다행이라고 안도했다. 언론을 통해 상황을 파악했던 것이 이상하게 들릴 수도 있겠지만, 안보실은 해경을 비롯한 여러 기관에서 올라온 보고들을 취합해서 가져오기 때문에 이런 급박한 사고 때는 오히려 보고가 언론 보도보다 늦어지기도 한다. 그래서 오전 11시 20분 안보실에서 보낸 세 번째 상황보고서에 구조된 숫자가 예상보다 훨씬 적었을 때도 나는 다음 보고에는 추가 구조 인원이 포함될 것으로 기대했다.

지금 돌이켜보면 이때 언론 보도와 안보실에서 파악한 숫자가 다른 이유를 더 따져 물었어야 했다. 나는 언론에서 그런 중대한 일을 잘못 보도하지는 않았을 것으로 생각했고, 약간의 보고 지연이 생긴 것으로 짐작했다. 돌이켜보면 너무 안이한 판단이었다.

야당과 일부 언론은 4월 16일 오전 10시부터 내가 중앙재난안전대책본부(중대본)를 방문한 오후 5시까지를 '잃어버린 7시간', 또는 '세월호 7시간'이라고 명명하며 의혹을 제기하곤 했다. 혹자는 이날 내가 굿을 했다고 했고, 어떤 이는 호텔에서 정윤회 씨와 밀회 중이었다고 했다. 또 '성형 시술을 받았다' '프로포폴을 투여했다' 등의 이야기도 떠돌았다. 나중에 재판에서도 다뤄졌지만 아무런 근거도 없는 날조에 불과한 내용이다.

나는 세월호 구조가 진전이 없었다는 것이 확인된 오후부터 매시간 상황을 보고받으면서 대책을 논의하고 있었다. 언론에 보도된 대로 '전원 구조'가 적힌 보고서를 기대하고 있을 무렵인 오후 1시 7분 안보실에서 '370명 구조'라고 적힌 새로운 보고서를 올렸다. 6분 뒤 김장수 안보실장도 유선으로 "190명을 추가 구조해서 현재 370명 구조입니다"라고 재차 보고했다. 많은 인원을 구조해 반가웠지만, 여전히 '전원 구조'라는 언론보도와는 수치가 달랐다. 그래서 김 실장에게 전화를 걸어 "언론보도와는 차이가 있는데, 구조 상황을 다시 확인해서 정확하게 보고해 주세요"라고 지시했다(오후 2시 11분).

초조하게 기다리던 다음 보고가 들어온 것은 오후 2시 50분이었다. "죄송합니다. 190명을 추가로 구조했다는 것은 중복 보고입니다. 잘못된 보고입니다"라는 안보실장의 말을 듣는 순간 머리가 멍해졌다. 뭔가 크게 잘못됐다는 생각이 든 나는 2시 57분에 안보실장에게 다시 전화를 걸어 "왜 구조인원 집계가 이렇게 혼선을 빚는 겁니까. 철저히 파악하세요"라고 질책한 뒤, 한시라도 빨리 중대본으로 가서 직접 확인해야겠다고 생각했다(오후 3시).

급할수록 냉정해져야 하는데, 사안이 사안인 만큼 나는 마음이 조급해졌다. 최대한 빨리 중대본으로 가자고 지시했지만, 경호실에서는 "준비할 시간이 필요합니다. 조금 기다려주십시오"라는 연락이 왔다. 이동 때문에 교통 통제를 해야 하니 경찰청과도 협의해야 하고, 중대본에도 연락해야 하니 시간이 조금 걸린다는 것이다. 사실 대통령이 어딘가를 가고 싶다고 해서 마음대로 움직일 수 있는 것은 아니다. 어쩔 수 없이 "알겠다"고 답한 뒤 기다리고 있는데, 갑자기 미용사가 왔다는 연락이 왔다. '호출한 적이 없는데, 미용사가 왔다니?'라는 생각이 들었는데, 청와대 관저 직원이 나의 외출 준비를 위해 미용사에게 급히 와달라는 연락을 했다는 것이다. 내가 서두르고 있다는 것을 몰랐던 모양이다.

경호실에서는 연락이 없는 상태였고, 긴장한 미용사는 "제가 빨리 하면 금방 됩니다"라고 말하는데 이미 여기까지 온 그녀를 돌려보내기도 난처한 상황이었다. 결국 경호실 연락을 기다리는 동안 머리 손질을 맡기기로 했는데, 지금 생각해 보면 가장 후회스러운 순간 중 하나다. 이때 경호실에서 준비할 시간을 기다려 달라고 해도 "상관없습니다. 일단 출발하세요"라고 말하면서 밀어붙였어야 했다.

물론 내가 이때 조금 더 일찍 중대본에 갔다고 해서 구조에 큰 영향을 줄 수는 없었을 것이다. 그래도 국가지도자가 대책 현장에 모습을 드러내는 것은 큰 의미가 있다. 국민에게 그런 모습을 빨리 보여주지 못하고 이날 정부가 우왕좌왕하는 것처럼 비친 것이 못내 아쉬운 것이다.

●

경호 문제 때문에 중대본 방문 늦어져…
후회스럽다

오후 3시 30분에는 정무수석실로부터 '구조 인원 166명, 사망 2명'이라는 서면 보고가 왔다. 그 말을 듣고 가슴이 철렁했다. 문제는 이때까지도 경호실에서 연락이 없었다는 점이다. "왜 이렇게 준비가 늦어지는 거죠?"라고 독촉했더니, 중대본 앞에 무단 주차한 차량 때문에 안으로 진입하기가 어려운 상황인데, 차주가 확인되지 않아 이동시키지 못하고 있다는 것이다. 정말 속이 타들어 갈 것 같았다. 물론 경호실은 경호실의 입장이 있다. 2022년 아베 신조 전 일본 총리의 불행한 사고도 있었지만, 경호는 전혀 예상하지 못한 데서 문제가 불거지기 때문에 '만에 하나'라는 여지도 두지 않는 것이 원칙이다. 백날 잘해도 한 번의 작은 실수로 모든 것이 무너지기 때문이다.

하지만 이날 상황을 고려하면 일단 중대본 근처까지 차로 이동한 뒤 도보로 이동할 수도 있었을 텐데, 나도 당시에 마음이 급해서인지 차분하게 생각하지 못하고 애태우기만 했던 것이다. 이날은 한 번 잘못 채워진 단추처럼 계속해서 뭔가 어긋났다. 결국 경호실에서 중대본 방문 준비가 완료됐다고 보고가 들어온 것은 오후 4시 30분, 내가 중대본에 도착한 것은 오후 5시 15분이었다.

최서원이 세월호 사건 당일
청와대로 들어온 이유

국민이 가장 궁금해하는 것 중 하나는 이날 최서원(개명 전 최순실. 최 씨가 과거에 유치원 원장을 했었기 때문에 평소 최 원장으로 호칭) 원장의 청와대 방문일 것이다. 최 원장 문제는 나중에 별도로 상세히 다루도록 하고, 여기선 당시 청와대 방문 경위만 설명하려 한다. 혹자는 내가 세월호가 침몰하자 당황해서 최 원장에게 대책을 물어보려고 긴급히 호출했다는 주장도 했다.

하지만 결론부터 말하자면 최 원장의 방문은 그전에 예정돼 있었다. 최 원장은 그전부터 가끔 개인적으로 사용하는 화장

품이나 속옷 등 일상용품을 대신 구입해 가져다주곤 했다. 내가 정치 일정으로 따로 시간을 내기도 쉽지 않거니와 이런 것을 대신해줄 가족이 없었기 때문에 전부터 알고 지낸 그녀에게 부탁한 것이다.

•

세월호 침몰에 최서원 긴급 호출?
아니다

그런데 공교롭게도 이날 세월호 침몰 사고가 발생했다. 평소 같으면 최 원장의 방문을 취소시켰을 것이다. 그녀와 개인적인 용무를 볼 시간이 어디 있겠는가. 그런데 이날 사고가 너무 큰 데다 구조 상황이 정확히 파악이 안 돼 발을 구르다 보니 최 원장을 만나기로 한 것을 까맣게 잊고 있었다. 그런 것에 신경 쓸 겨를조차 없었던 것이다. 내가 취소시키지 않았으니 그녀는 예정된 시간(오후 2시 15분)에 맞춰 청와대 관저에 도착했다.

사실 그때 최 원장이 관저에서 무엇을 했는지는 거의 기억이 나지 않는다. 나는 여전히 국가안보실에서 들어오는 보고서를 받으면서 구조 상황을 계속 확인 중이었다. 2시 50분쯤에는 언론에서 보도된 '전원 구조'가 잘못된 보고라는 것이 확인돼, 중대본 방문을 급하게 결정했던 때였다. 최 원장과 이야기를 나눌 틈이 없었다.

일각에서는 내가 최 원장과 세월호 침몰에 대한 정부 대응에 대해 논의했다고도 하던데, 말도 안 되는 소리다. 분명히 말하지만 최 원장은 나와 그런 이야기를 나눌 위치가 아니었다.

최 원장은 내가 정계 입문을 했던 1998년 대구 달성 보궐선거 때 캠프에서 일을 도왔던 사람이다. 그 때문에 정호성 비서관 등과도 허물없이 지내는 사이였다. 당시 내가 안보실의 보고를 받고 지시를 내리는 동안 최 원장은 정 비서관과 개인적인 이야기를 나누거나 나를 위해 구입해 온 물건들을 관저 직원들에게 맡기는 등의 일을 하고 있었던 것 같다.

허무맹랑했던
'세월호 7시간' 루머

2014년 7월 7일 국회 운영위 회의에 참석한 김기춘 당시 대통령비서실장이 세월호 사고 당시 나의 소재를 묻는 질문에 "(대통령) 위치는 모른다"고 답한 것이 많은 오해와 억측을 불러일으키는 데 불을 붙인 측면이 있다. 김기춘 실장은 대통령의 일정과 동선을 함부로 공개하기 어렵다는 보안 의식 때문에 그렇게 이야기를 한 것이지만, 당시 상황을 보면 오해를 불러일으키기에 딱 좋은 모양새가 됐다. 이것은 '잃어버린 7시간'이라고 명명되면서 각종 허무맹랑한 소문이 꼬리에 꼬리를 물고 퍼졌다.

심지어 한 언론(조선일보 2014년 7월 18일자)에서는 황당한 루머를 칼럼에 소개하기도 했다. 세월호 사고 당일 내가 정윤회(최 원장의 전 남편) 씨와 한 호텔에서 만났다는 것인데, 너무나 기가 막혔다. 아무리 언론의 자유가 있다고는 하지만 이렇게 말도 안 되는 이야기까지 써도 되는 건가 싶어서 청와대에서 공식 대응토록 했다. 청와대 시스템에 대한 기본적인 이해가 있다면 이런 칼럼은 쓸 수가 없었을 것이다.

대통령이 어딘가 외출을 한다면 반드시 경호실이 함께 움직이게 된다. 중대본에 갈 때도 마찬가지였지만, 대통령은 어디를 가고 싶다고 해서 마음대로 갈 수 있는 것이 아니다. 대통령이 청와대 밖에서 남들 눈을 피해 떳떳하지 못한 밀회를 한다? 말도 안 되는 소리다. 청와대 출입기자들이면 상식과 같은 내용인데 왜 그런 지적이 없었는지 안타까웠다. 너무나 황당한 이야기라 시간이 지나면 사실이 밝혀질 것으로 기대했지만, 이를 진실인 듯 받아들이는 사람들도 있다고 들어서 적지 않게 놀랐다.

아무튼 김기춘 실장은 자신의 임무에 충실하기 위해서였겠지만, 차라리 당시에 모든 것을 밝히거나 아니면 비공개로 구두보고를 했으면 어땠을까 하는 아쉬움이 있다. 그랬으면 나라가 큰 혼란에 빠지는 일은 어느 정도 막을 수 있지 않았을까. 어떤 사람들은 2014년 4월 16일의 일정만 제대로 밝혔어도 탄핵까지 가지는 않았을 것이라며 아쉬워하기도 한다. 비록 이것이 탄핵 사유에 포함됐던 것은 아니지만 그만큼 국민에게는 대통령에 대한 부정적인 인식이 쌓이게 된 결정적 순간 중 하나라는 것이다.

2014년 4월 16일 오후 6시 중앙대책본부에서 관저로 들어온 나는 밤늦게까지 계속 세월호 구조 상황을 모니터했다. TV 속 가족들의 모습에 과거의 내가 겹쳐지는 듯했다. 아버지와 어머니가 흉탄에 돌아가셨던 나로서는 갑자기 가족을 잃게 되는 비통함이 어떤 것인지 잘 안다. 그래서 진도 실내체육관에서 슬픔에 잠겨 있는 가족들의 상황이 남의 일 같지 않았다. 또 실낱 같은 희망을 부여안고 어린아이들이 살아 돌아올 것을 기다리며 밤을 꼬박 새울 부모님도 있었을 것이다. 그들의 심정이 어떨지를 생각하니 잠을 이룰 수가 없었다.

뜬눈으로 밤을 보낸 나는 17일 오전 모든 회의를 취소하고 비상근무태세에 돌입할 것을 지시했다. 이어 밤새 진행된 추가 구조 상황 등을 보고받고 사고 사망자 및 실종자 가족들이 모여 있는 진도 실내체육관으로 향했다. 이제야 하는 이야기지만 내가 진도를 가는 것에 대해 참모들은 우려가 많았다. 16일 자정 무렵께 정홍원 총리가 팽목항을 찾았다가 현장에서 사고자 가족들이 던지는 물병을 맞는 등 곤욕을 치렀기 때문이다.

자식의 일이라면 눈앞에 아무것도 보이지 않는 것이 부모의 마음이다. 자녀들의 생사를 알 수 없게 됐는데, 그렇게 격앙되어 있는 것은 이해할 수 있는 일이다. 물병을 몇 번 맞더라도 가서 가족들을 만나고 직접 이야기를 들어야 한다고 생각했다.

전용기 편으로 광주공항에 도착한 뒤 먼저 전남 진도군 인근 해상의 사고 현장을 방문해 수색 상황을 직접 점검하고 군과 해경 등의 구조 활동을 독려했다. "이렇게 많은 인력과 장비가 총동원됐는데 구조가 더뎌서 걱정이 많다. 어렵고 힘들겠지만, 최선을 다하는 동시에 구조 요원의 안전에도 만전을 기해주기 바란다"고 당부했다.

●

체육관에서 마주한 가족들…
정무수석 현장 남겼더라면

오후 4시 40분 진도 실내체육관에 도착했을 때 참모들이 우려했던 돌발 상황은 없었지만, 사고자 가족들은 원망과 안타까움이 가득 담긴 눈으로 나를 바라보고 있었다. 그런 모습을 바라보면서 나는 '저 가슴이 얼마나 타들어 가겠나. 어떻게든지 저분들을 위로하면서 조금이라도 희망을 드릴 수 있어야 하는데…'라는 마음뿐이었다. 격한 반응도 있었다. "정부가 이틀 동안 한 일이 무엇이냐"는 고함도 튀어나왔다.

나는 체육관 단상에 올라 마이크를 잡고 "정부가 동원할 수 있는 자원과 인력을 동원해 수색에 최선을 다하겠다. 어떤 위로도 될 수 없을 정도로 안타깝고 애가 타고 참담하겠지만 구조 소식을 기다려주기 바란다"고 말했다. 그러면서 "있을 수 없는 일이 일어난 데 대해 철저한 조사와 원인 규명으로 책임질 사람은 엄벌토록 할 것"이라고 강조했다.

이날 가족들의 이야기를 들어보니 현장에서 협조가 원활하게 이뤄지지 않는다며 불만이 컸다. 예를 들어 승선자 명단과 구조작업 현황판 등을 설치해 달라고 요구했는데 전혀 들어주지 않는다는 것이다. 그래서 나는 관계자를 불러 "가족들이 얼마나 답답하시겠느냐. 잠수하러 내려가서 어떻게 됐는지 자세하게 알려주려는 노력이 필요하다. 현장도 최선을 다하지만, 가족도 알아야 한다. 애가 타고 미칠 거 같은 이분들에게 알려줘야 하지 않겠느냐"고 이야기했다. 또 현장 소식이 제대로 전

2014년 4월 17일 가족들 대기 장소인 진도 실내체육관에 도착해 세월호 탑승자 가족을 위로하고 지원을 약속했다. (위)

전남 진도 실내체육관에서 실종자 가족들이 2014년 5월 19일 오전 세월호 참사 관련 대국민 담화문을 발표하는 모습을 지켜보고 있다. (아래)

달되는 데 도움이 되도록 대형 TV도 설치하도록 지시했다. 내가 관계자들에게 지시한 사항을 가족들에게도 그대로 전달하자 그나마 마음이 놓인 눈치였다. 그러면서 내가 나름대로 최선을 다한다는 진심이 전해졌는지 청와대로 돌아갈 무렵 유족들은 "가지 마세요"라며 아쉬워하기도 했다.

하지만 이날 방문에서는 크게 후회로 남는 일도 있었다. 유족들과 이야기를 나눈 뒤 나는 이들에 대한 지원과 청와대와의 원만한 소통을 위해 박준우 정무수석을 현장에 남기자는 얘기를 꺼냈다. 수백 명의 유가족에게 필요한 생필품부터 각종 민원까지 챙기면서 유족들의 상황이 어떤지, 어려움을 겪는 것은 무엇인지 등을 제대로 파악하기 위해서다. 이를 위해서는 나와 바로 연결될 수 있는 '고리'가 필요하다고 봤기 때문이다. 가족들과 이야기를 나누며 떠오른 순간적인 직감이었다.

물론 현장에는 해양수산부를 비롯해 많은 기관에서 공무원들이 파견 나와 있었다. 하지만 대통령과 직접 소통할 수 있는 청와대 수석이 유가족들과 함께한다면 의미가 다르다. 아무래도 공무원들도 유가족들에게 조금 더 신경을 쓸 수밖에 없고, 나도 수석으로부터 세밀한 보고를 받으면서 하나라도 더 챙겨

드릴 수 있었을 것이다.

그러나 참모진의 생각은 달랐다. 굳이 정무수석까지 이곳에 둘 필요가 있겠느냐며 반대가 많았다. 나도 즉흥적으로 내놓은 아이디어였기 때문에 더 고집하지 못하고 거둬들였다.

교육부 장관의
'황제 라면'의 진실

첫 방문 이후 유가족과 청와대 사이에는 거대한 불신의 벽이 만들어졌다. 참사 1주기인 2015년 4월 16일 전남 진도 팽목항을 찾았지만 합동분향소 문은 닫혀 있었고, 헌화와 분향은 할 수 없었다. 유족들도 만나지 못했다. 내가 온다는 소식을 듣고 분향소를 폐쇄한 것이다. 이렇게까지 틈이 벌어진 이유를 솔직히 잘 모르겠다. 하지만 서로 소통이 원활하게 이뤄지지 않으면서 오해가 쌓였다는 생각이 든다. 만약 이때 정무수석이 현장을 지켰다면 어땠을까. 당시엔 나름대로 가족들을 위로하고 그 입장에서 생각해 보겠다고 했지만 돌이켜 생각하면 여전히 '내가 정무수석을 남겨서 좀 더 세밀하게 챙겼어야 하는데…' 라는 회한이 남아 있다.

지금 생각해 보면 이때 무엇보다도 중요한 것은 유족들의 심리 상태를 안정시키는 것이었다. 이들을 자주 찾아가 위로하고 지속적으로 유족들의 상처를 어루만지고 마음을 달래야 했는데, 그런 조치가 미흡했다. 그렇게 하지 못한 틈은 야당과 시민단체들이 대신 메웠고, 정부와는 점점 간극이 벌어졌다. 그리고 이것은 거대한 사회적 갈등으로 번졌으니 매우 불행한 일이다. 대통령에서 물러난 이후에도 이 순간을 몇 번이나 떠올리며 마음이 아팠다.

이때를 돌이켜볼 때 아쉬운 점 중 또 다른 하나는 세월호 사고 원인을 조사하기 위해 만들기로 한 특별조사위원회를 둘러싼 마찰이다. 당시 야당 일각과 유가족 측에서는 진상조사특위에 수사권과 기소권까지 달라고 요구했다. 나는 이에 대해 2014년 9월 6일 열린 국무회의에서 단호하게 선을 그었다. 수사권과 기소권을 임시기구에 모두 맡긴다는 것은 국가의 기본 원칙을 허무는 것이기 때문이다. 대통령으로서는 양보할 수

세월호 참사 34일째인 2014년 5월 19일 청와대 춘추관에서 참사와 관련한 대국민 담화를 발표했다.

없는 문제였다. 이것이 무리한 요구라는 것이 분명한데도 야당 일각과 시민단체 등에서는 마치 진실을 은폐하려는 것처럼 몰아갔고, 정부와 유가족 사이는 점점 벌어졌다.

덧붙이자면 나중에 이병기 비서실장과 조윤선 정무수석 등 일부 청와대 인사가 특조위 추진 과정을 살피면서 설립을 방해했다는 혐의로 재판을 받았다. 이 실장은 무죄가 확정됐고, 조 수석은 재판이 진행 중이다. 나는 재판이 시작되고서야 이런 일들이 있었다는 것을 들었다. 하지만 특조위는 당시 여야 합의로 구성됐던 기구였고, 청와대가 이런 활동을 방해할 이유는 전혀 없었다. 나는 이들이 특조위를 방해하지 않았을 것이라고 생각한다.

•

'황제 라면' 논란
서남수 성급 경질, 후회스럽다

이 자리를 빌려 또 하나 말해두고 싶은 것이 있다. 당시 서남수 교육부 장관의 '황제 라면' 논란이다. 서 장관은 사고 당일 진도 실내체육관 진료소를 방문했다가 팔걸이의자에 앉아 컵라면을 먹고 있는 모습이 언론에 포착돼 큰 비난을 받았다. 당시 분위기가 워낙 격앙돼 있다 보니 7월에 그를 경질할 수밖에 없었다.

그런데 나중에 알고 보니 라면을 함께 먹자고 권했던 것은 박준영 전남지사였다는 것이다. 서 장관은 고사하다가 계속 거절하기가 어려워 같이 먹었는데 나중에 한 언론에서 서 장관만 부각해 기사를 내보냈던 것이다. 사실 라면을 먹은 것 자체가 그렇게 큰 잘못일 수는 없다. 그런데도 그때 여론이 너무 들끓으니까 나도 약간 흥분했던 것 같다. '아니, 유족이 있는데 조금 참으시지… 왜 굳이…'라고 질책하는 마음에 경질을 결정했던 것이다. 서 장관은 이에 대해 청와대에 일절 변명하지 않았기에 진실을 알게 되는 데는 시간이 걸렸다. 진작 사실관계를 정확히 알았다면 경질까지는 가지 않았을 것이다. 전후 사정을 알고 난 지금 돌이켜보면 성급한 인사였기 때문에 후회스럽고 서 장관에게 미안한 마음이 든다.

세월호 사고가 발생한 지 한 달 정도가 지난 2014년 5월 19일, 나는 이번 참사에 대한 대국민 담화문을 발표했다. 오전

9시 청와대 춘추관에서 나는 유가족 및 실종자 가족을 포함한 국민께 "국민의 생명과 안전을 책임져야 하는 대통령으로서 국민 여러분께서 겪으신 고통에 진심으로 사과드립니다"라고 말씀드렸다. 또 "이번 사고에 제대로 대처하지 못한 최종 책임은 대통령인 저에게 있다. 고귀한 희생이 헛되지 않도록 대한민국이 다시 태어나는 계기로 반드시 만들겠다"고 밝혔다.

그러면서 나는 이날 해경 해체를 발표했다. 전격적인 발표이다 보니 야당 등에서는 책임을 해경에 떠넘기기 위해 즉흥적으로 결정했다고 비판했다. 하지만 이 문제에 대해서는 이전부터 나름대로 생각을 정리하고 있었다. 그러다가 세월호 사고를 겪으면서 국가 안전이나 재난 관리에 대해 근본적인 변화가 있어야겠다는 결론을 내린 것이다.

이때까지 국가적 안전 재난 관리 시스템은 여러 기관에 분산돼 있었다. 그러다 보니 신속하고 일사불란한 대응이 어려운 문제가 생겼다. 사실상 컨트롤타워가 없었다는 이야기다. 세월호 사고만 해도 청와대에 오전 내내 사고 현장의 영상이나 통계 수치 등이 제대로 전달되지 않아 수습 지시를 내리는 데 애먹었다. 그래서 이런 문제를 확실하게 정리해야겠다는 생각을 하게 됐다.

해경 해체라고 하지만 정확히 표현하자면 국가안전처(나중에 국민안전처로 변경) 신설에 따른 기능 조정이라고 하는 편이 맞다. 해경의 수사 기능은 경찰청으로 넘기고, 구조나 해양 경비 기능은 향후 신설할 국가안전처로 이관시키는 계획을 세웠다. 해경은 해양 안전 문제에 대해서는 전문성과 책임을 갖고 전문화할 수 있도록 조정했다.

안전행정부에도 안전 기능이 있었지만, 막상 세월호 침몰 같은 큰 사고가 벌어지자 별다른 역할을 하지 못했다. 그래서 이곳의 안전 분야도 국가안전처(국민안전처)로 넘기고 안전행정부는 지방 행정 등에 집중토록 했다. 해양수산부가 맡고 있던 해양교통관제센터도 마찬가지다.

이렇게 각 부처에 분산된 안전 관련 조직을 하나로 통합하고 지휘 체계도 일원화하면 어떤 유형의 재난이 있더라도 현장 중심으로 대응할 수 있을 것으로 기대했다. 나 혼자만의 즉흥적 발상이 아니라 해외 사례 등을 충분히 검토하며 얻은 결론이었다.

참사 사과하며 눈물…
희생자와 의인 기억했으면

나는 평소 눈물을 잘 흘리지 않는 편인데, 이날은 사과문을 읽으면서 눈물을 많이 흘렸다. 세월호 사고 당시 다른 사람을 살리기 위해 살신성인의 정신을 발휘했던 의인들에 대한 대목을 언급할 때였다. 최혜정 교사와 김기웅·박지영·양대홍·정현선 씨 등 세월호 승무원, 민간잠수사 이광욱 씨 등은 끝까지 자리를 지키며 아이들을 구하다가 소중한 생명을 잃었다. 세월호 희생자에 대해 기억할 때 이들도 꼭 기억해 줬으면 하는 마음이 있다.

2014년 6월 4일 제6회 전국지방선거가 열렸다. 세월호 참사가 난 지 두 달도 안 된 시점에서 선거가 치러지다 보니 여당 입장에서는 굉장히 어려운 선거가 될 것으로 예상됐다. 여당이 참패할 것이라는 예상도 많았다. 하지만 막상 뚜껑을 열어 보니 광역단체장 17곳 중 여당이 8곳, 야당이 9곳에서 승리를 거뒀다. 기초단체장은 여당이 117곳을 가져와 새정치민

주연합(더불어민주당의 전신)의 80석보다 많았다. 광역단체장도
야당이 1곳 많았어도 서울을 제외한 경기와 인천 등 수도권에
서 승리했기 때문에 실질적으로는 여당이 성공한 선거라는 평
가가 지배적이었다.

세월호 참사의 여파가 여전했기 때문에 나로서는 선거에 대
해 언급하기도 어려웠다. 이런 가운데 선전한 것은 그래도 국
민께서 세월호 참사에 대한 정부의 대책과 노력을 평가해 주
고 진정성에 대해 공감해 주신 결과라는 생각이 들었다. 이 선
거 이후 야당도 정략적 목적으로 세월호 참사를 언급하는 일
이 현저히 줄어들었다.

●

세월호 책임 통감…
인신 공양설 등 날조는 참담

세월호 참사는 우리 사회에 큰 충격을 안겨줬던 사고였다.
사회에 만연한 안전불감증과 거대 재난이 발생했을 때 이를
지휘할 수 있는 컨트롤타워의 부재 등이 확인됐다. 나는 대통

령으로서 이러한 점에 대해 깊은 책임을 통감하고, 사고 이후 특조위 구성과 국가안전처(국민안전처) 신설 등으로 나름의 대안을 마련하고자 애썼다.

반면에 이 기간에는 온갖 의혹이 난무하면서 사회가 갈등과 혼란에 휩싸이기도 했다. 세월호가 침몰하자 사회 일각에서는 핵잠수함 충돌설, 고의적 구조 방기설, AIS 항적 조작설, 국정원 연루설, 심지어 인신 공양설까지 수많은 의혹을 쏟아냈고 때로는 일부 언론까지 이에 동조해 참담했다. 결국 특조위 활동을 통해 대부분 사실이 아닌 것으로 확인했지만, 문재인 정부는 사회적참사특별위원회를 다시 구성해 547억 원의 예산을 들여 4년간 재조사를 했다. 그리고 의혹은 모두 사실이 아니라는 결론만 재확인했다.

나의 행적을 둘러싸고 입에 담기도 민망한 소문들이 퍼져갔다. 이를 바로잡는 데도 많은 시간과 노력이 필요했다. 아직도 이를 믿는 사람들도 적지 않은 것으로 알고 있다. 예전에 어디선가 들은 이야기다. 독일 국민은 이성적이라고 알려져 있는데, 실제로 거짓말이나 선동에 잘 넘어가지 않는다고 한다. 과거 제2차 세계대전 때 나치의 선동에 넘어가 큰 아픔을 겪었던 기억 때문이라고 한다. 그에 대한 각인효과가 작용한다는 것이다.

세월호 참사는 온 국민에게 큰 상처를 남긴 가슴 아픈 재난이었다. 하지만 한편으로는 이를 악용해 사회를 갈라놓고 혼란에 빠뜨리며 이익을 취하려 했던 이들이 있었다는 것도 잊기 어려울 것 같다.

청와대 비서관들을
막후조종한다는 정윤회?

2014년 11월 잊고 지냈던 '정윤회'라는 이름을 다시 듣게 됐다. 정윤회 실장(과거 비서실장을 지내 '정 실장'으로 호칭)이 나의 측근인 청와대 비서관 3명(이재만·정호성·안봉근)을 비롯해 10명의 여권 인사들과 주기적으로 만나면서 국정에 개입하고 있다는 세계일보 기사(2014년 11월 28일) 때문이었다.

나는 기사를 보는 순간 '이것은 완전히 사실이 아닌 게 보도됐구나'라고 확신할 수 있었다. 왜냐하면 도저히 있을 수 없는 일이라는 것을 누구보다 나 자신이 가장 잘 알고 있었기 때문이다. 당시 정윤회 실장은 이미 오래전에 내 곁을 떠난 사람이었다.

이 사건과 연루된 박관천 전 청와대 공직기강비서관실 행정관이 나중에 검찰 조사에서 "우리나라의 권력 서열이 어떻게 되는 줄 아느냐? 최순실(개명 후 최서원) 씨가 1위, 정윤회 씨가 2위이며 박근혜 대통령은 3위에 불과하다"고 말한 것이 언론에 보도돼 사회적으로 파문이 일었던 적도 있다.

결론부터 말하자면 이런 주장은 전혀 사실과 다르다. 그런데 이로부터 2년 뒤 최서원 원장(과거 유치원 원장을 지내 '최 원장'으로 호칭) 문제가 불거지자 최 원장의 전 남편이었던 정 실장이 정말로 정권에 깊숙이 개입했다고 믿는 사람들이 생겨났다. 또 정 실장의 실체에 대해 궁금해하는 사람도 많았다는 것을 알고 있다. 그래서 이번 기회에 정윤회 실장과의 관계를 소상히 설명하려고 한다.

달성군 결전 앞두고
최서원 모친이 정윤회 추천

정 실장을 알게 된 것은 1997년 말께로 기억한다. 나는 그
해 대선 막판에 한나라당 이회창 후보를 돕기로 하고 선거운
동에 참여했다. 그때 나에게 정 실장을 추천한 사람은 최서원
원장의 모친, 그러니까 정 실장의 장모인 임선이 여사였다.
1979년 아버지가 돌아가시고 내가 청와대에서 나오게 됐을
때, 임 여사는 나의 어려운 형편을 헤아려 여러 가지를 챙겨주
시던 분이었다. 임 여사는 내가 선거운동에 뛰어들면 옆에서
실무를 도와줄 사람이 필요하다고 보고 사위였던 정 실장을 나
에게 보낸 것이다. 그러나 그때는 내가 선거운동을 한 기간이
워낙 짧았기 때문에 정 실장과는 서로 안면을 튼 정도에 불과
했다.

정 실장이 내 주변에서 본격적으로 역할을 맡은 것은 내가
1998년 4·2 국회의원 재·보선에 나가 달라는 요청을 받고서
다. 그 무렵 한나라당의 상황은 총체적 난국이었다. 김대중 대

1998년 3월 12일 한나라당 달성지구당 개편대회에서 당시 지구당 위원장이었던 나는 이회창 명예총재(왼쪽), 조순 총재(오른쪽)의 손을 잡고 보궐선거 승리를 다짐했다.

통령의 당선으로 정권이 교체되고 한나라당은 처음으로 야당 신세가 되면서 충격에서 벗어나지 못한 상태였다. 그런 만큼 이 재·보선은 당의 명운이 걸린 중요한 선거로 인식됐다.

애초 내가 출마하기로 한 지역은 경북 문경-예천이었다. 지역의 요청도 있었고, 아버지께서 젊은 시절 교편을 잡으셨던 곳이었기 때문에 나도 숙고 끝에 출마를 결심하게 됐다. 그런데 갑자기 변수가 생겼다. 선거를 두어 달가량 앞두고 당에서 대구 달성에 출마해 달라는 것이다. 당시 대구 달성의 여당(새정치국민회의) 후보는 엄삼탁 전 안기부 기조실장이었다. 한나라당에서 누가 출마하더라도 20~30%p가량 크게 뒤진다는 여론조사 결과가 나오고 있었다. 이곳 출신인 엄 후보는 지역을 탄탄히 관리한 데다 대구·경북 진출을 노리던 여당의 전폭적인 지원을 받고 있었다. 김대중 대통령은 정치 경력이 전무한 그를 여당의 부총재로 임명했을 정도였다. 덕분에 지역 개발과 정부 지원 등 대형 공약을 앞세워 그는 압도적인 격차로 선두를 유지하고 있었다.

예상치 못한 요구를 받은 나는 당황스러웠고, 주변에서도 강력하게 만류했다. 하지만 당의 어려운 형편을 아는 데다 간

곡하게 부탁하니 거절하기가 어려웠다. 애당초 개인의 정치적 욕심을 바라고 나선 것도 아니었기 때문에 당의 요청을 받아들이기로 했다. 하지만 막상 선거를 한 달 앞둔 상황에서 가보니 분위기는 내가 생각한 것보다도 훨씬 좋지 않았다. 한나라당 달성군지구당 사무실이었던 곳은 상대 후보의 선거사무실로 바뀌어 있고, 조직도 상대 쪽에 많이 넘어간 상태였다. 앞서 사퇴한 전임 한나라당 의원은 개인적인 문제로 당원 명부를 인수·인계조차 해줄 형편도 아니었다. 여론조사 격차도 여전했다. 상황이 이렇다 보니 당에서도 지는 선거라고 판단했는지 지원을 제대로 해주지 않았다.

●

'최태민 사위' 꼬리표에 고생한 정윤회…
차츰 멀어져

막막한 상황 속에서 나는 당장 선거를 도울 사람이 필요했다. 그때 임선이 여사가 "가까이서 봐왔는데, 사람이 괜찮다. 도움이 될 것"이라며 사위인 정 실장을 다시 한번 추천했다.

나는 얼마 전 대선 때의 인연도 있고 해서 선뜻 승낙을 했다.

그렇게 해서 나는 단 3명으로 선거운동을 시작할 수 있었다. 하루 20시간이 넘는 강행군이 매일같이 이어졌다. 정 실장은 녹록지 않은 상황 속에서 열심히 도왔다. 항공사 직원 출신인 그는 매너가 깔끔했고, 일 처리도 무난한 스타일이어서 안심이 됐다. 나는 20~30%p 열세였던 선거를 기적처럼 뒤집어 승리했고, 정 실장은 입법보조원으로 여의도에서 나를 계속 돕게 됐다.

그랬던 그가 흔들리기 시작한 것은 내가 2007년 한나라당 대선 후보 경선에 출마하면서다. 당시 경쟁 상대였던 이명박 후보 측에선 나와 관련된 여러 가지 마타도어를 퍼뜨렸는데, 가장 집요하게 물고 늘어진 것은 최태민(최서원 원장의 선친) 목사 일가 문제였다. 최 목사 일가가 소유한 부동산이 나와 관련된 재산이라는 의혹을 비롯해 아무 근거도 없는 음해가 집요하게 이어졌다. 1997년부터 나를 도운 정 실장도 '최태민의 사위'라는 꼬리표가 붙었다.

그러다 보니 정 실장은 마음고생이 심했을 것이다. 2016년 12월 한 언론 인터뷰에서 정 실장의 부친이 "며느리가 아들을 쓰지 말라고 진언해서 박 대통령과 멀어졌고, 두 사람도 이혼했다"는 식으로 말한 것을 나중에 알게 됐는데, 사실 나는 두 사람이 이혼했다는 것도 시간이 꽤 지난 뒤에야 알게 됐다. 다만 정 실장에게 가정사 등 개인적 문제가 있다는 것은 예전부터 어렴풋이 느끼고 있었다. 이런 이유 등으로 인해 정 실장은 차츰 업무에서 손을 떼기 시작했고, 내가 대선에 출마한 2012년이 되기 전 일을 완전히 그만뒀다. 나와의 인연도 거기까지였다.

●

정윤회, 중국집서 3인방 조종해 국정 개입? 황당한 얘기

다만 나는 대선에서 승리하고 2013년 청와대로 들어가기 전 고마웠던 분들에게 연락하면서 정 실장에게도 오랜만에 전화해 "그간 많이 도와주신 것에 감사하다"고 말했다. 그것이 우리의 마지막 대화였고, 이후 서로 어떤 접촉도 없었다.

그러니 정 실장이 청와대 인사를 포함한 10명과 매달 강남의 한 중식당에서 모임을 갖고 국정에 개입했다느니, 김기춘 비서실장의 퇴출을 꾸미고 있다느니 하는 이야기가 황당하기 이를 데 없었던 것이다. 심지어 안봉근·이재만·정호성 비서관 등 나를 오랫동안 도운 비서관 3인방도 정 실장이 데려온 사람들이라는 말도 그럴듯하게 퍼졌다.

이참에 이 세 사람에 관해 이야기하자면 모두 내가 1998년 대구 달성에서 국회의원에 당선된 전후부터 함께한 사이다. 안봉근 비서관은 원래 대구 달성의 전임 국회의원이었던 김석원 전 의원의 수행비서였다. 내가 막 대구 달성으로 왔을 때 지역 사정을 잘 아는 사람이 필요했는데 그는 딱 적임자였다. 정호성 비서관은 내가 이전부터 알고 지내던 대학교수의 추천을 받아 일하게 됐다. 정 비서관은 그의 제자였다. 이재만 비서관은 나성린 전 의원의 추천을 받아 들어왔다. 가장 먼저 들어온 사람이 안 비서관이었고, 국회의원에 당선되면서 보좌진을 충원하는 과정에서 나머지 두 사람도 들어오게 됐다. 이들은 서로 성격이나 업무 스타일도 달랐지만, 모두 사심이 없고 착실했다. 그래서 내가 정계 입문한 이래 18년간 함께 일할 수 있었던 것이다.

그러니 정 실장이 이들 3명을 뽑았다는 건 말도 안 되는 소리다. 또 정 실장이 이들에게 지시를 내릴 처지도 아니었다. 이들이 정 실장과 오랜 시간 함께 일했으니 혹여 한두 번 식사 정도는 했을 수도 있겠지만, 청와대와 무관한 정 실장의 지시를 받고 움직인다든가 하는 것은 터무니없는 이야기였다. 그래도 혹시나 하는 생각에 이들에게 세계일보 보도에 대한 내용을 확인해봤는데, 역시 "사실무근"이라는 답이 돌아왔다. 오보라는 확신을 갖게 된 나는 진상을 제대로 알아보도록 지시했다.

얼마 후 이재만 비서관은 세계일보의 '정윤회 리스트' 보도를 고소했다. 터무니없는 소설이라고만 치부하기에는 사회적 혼란이 너무 커지고 있었다. 배후를 하루빨리 규명해 더는 혼란이 퍼지지 않도록 해야 한다는 결론을 내렸다. 해당 보도에서 정 실장과 주기적으로 만난다고 했던 이 비서관은 고소인 자격으로 12월 14일 검찰에 출두했다.

조응천, 박관천이 쓴 '황당 소설'
나라 흔들었다

2015년 1월 5일 검찰은 중간수사 결과를 발표했다. 나중에 재판에서도 확인됐지만 정윤회 실장이 청와대 비서관들을 뒤에서 지휘하며 국정에 개입한다는 것은 모두 거짓이었다. 그리고 이런 황당한 소설을 만든 것은 청와대 공직기강비서관실의 조응천 비서관(현 더불어민주당 의원)과 공직기강비서관실 소속 행정관 박관천 경정으로 드러났다.

박 경정은 행정관 시절이던 2013년 박동열 당시 대전지방국세청장으로부터 '증권가 지라시'와 풍문을 듣고 이를 조 비서관에게 전달했다고 한다. 이후 조 비서관이 진상 파악을 지시하자 박 경정은 박 청장으로부터 전달받은 각종 풍문과 정보를 과장하고 추가해 마치 정윤회 실장이 국정에 개입했던 것처럼 조 비서관에게 보고했던 것이다. 정 실장이 청와대 비서관 3인방과 김기춘 비서실장을 퇴출시키려고 모의했다는 내용도 그 보고서에 있었다. 2014년 1월 조 비서관으로부터

검찰은 2015년 1월 5일 '정윤회 리스트' 사건 중간수사 결과를 발표했다. 정 씨가 청와대 참모진을 뒤에서 지휘해 국정에 개입한다는 의혹은 사실무근으로 드러 났다.

이를 전달받은 김기춘 실장은 '터무니없는 지라시 수준'이라며 일축했다고 한다. 너무 황당하다 보니 나에게 보고할 필요성도 느끼지 않았던 것 같다. 그래서 나도 2014년 11월 세계일보에 보도된 내용을 보고 나서야 '정윤회 보고서'의 존재를 알게 된 것이다.

언론에 의해 의혹이 제기됐을 당시엔 조 비서관과 박 경정 모두 공직기강비서관실을 떠난 상태였다. 조 비서관은 2014년 4월 초 공직기강비서관실이 청와대 내부 비위 사실을 감사한 내용이 언론에 유출된 책임으로 자리를 떠났고, 박 경정은 이보다 한 달 앞서 원 소속인 서울 도봉경찰서 정보과로 복귀했다. 그런데 박 경정은 이때 물러나면서 남산에 있는 서울지방경찰청 정보분실에 짐을 잠시 보관했는데 이때 서울지방경찰청 정보과 경찰들이 예전에 박 경정이 만들었던 '정윤회 보고서'를 몰래 훔쳐보고 언론에 흘리면서 사태가 일파만파 확산된 것이다.

이것이 나라를 뒤흔들었던 이른바 '정윤회 리스트'의 실체다. 권력 서열이니, 국정을 비밀리에 움직이는 '십상시'니 하는 말도 안 되는 거짓말들이 돌아다녔고 사실처럼 위력을 행사했다. 일반 국민은 청와대에서 보고서가 작성되고 언론에도 보도됐으니 믿을 수밖에 없었을 것이다.

사설 정보지 같은
박관천의 거짓 문건

공무원들의 저승사자라고 불리는 공직기강비서관실은 청와대를 포함해 주요 공무원들의 감찰을 맡고 있다. 그런 만큼 유능하고 책임감 있다고 평가받는 인사가 공직기강비서관으로 추천된다. 그런 공직기강비서관실에서 이것('정윤회 문건')을 만들었다는 것이 너무나 충격적이었다. 그런데 나를 놀라게 한 것은 이뿐만이 아니었다.

돌이켜보면 세계일보의 '정윤회 리스트'가 터지기 몇 달 전 정윤회 실장과 관련된 이야기를 들을 기회가 있기는 했다.

2014년 3월 주간지 시사저널에 이른바 '정윤회의 박지만 미행설'이 보도됐을 때다. 정 실장의 사주를 받은 남양주의 한 카페 운영자가 오토바이를 타고 내 동생인 박지만 EG 회장을 주기적으로 미행 감시했다는 내용이었다. 이때 이상하다고 느껴 이 얘기의 진상을 철저히 파헤쳤으면 몇 달 뒤 나라를 뒤흔드는 큰 소동은 없었을지 모른다.

하지만 그동안 나와 내 주변을 둘러싼 음해와 모함을 워낙 많이 겪다 보니 당시만 해도 '어디선가 또 누군가 괴소문을 퍼뜨리고 다니는구나'는 정도로 대수롭지 않게 여겼다.

마흔이 넘어 결혼한 박지만 회장은 아들 넷을 두어 가족들을 기쁘게 했다. 그래서인지 내가 대통령에 당선됐을 때 많은 사람이 박 회장 부부를 주목했다. 권력을 좇는 사람들이 부적절하게 꼬여 들지 않겠느냐는 우려가 있었던 것이다. 하지만 이전 대통령들이 친인척 문제로 어려움에 부닥쳤던 것을 여러 번 봤던 나는 임기 중 이들 부부를 한 번도 청와대에 부르지 않았다. 동생을 위해서도 그러는 편이 나았다. 젊었을 때 여러 가지 문제로 어려운 시간을 보냈던 박 회장은 이제 사업가로서 자리 잡고 안정적인 생활을 보내고 있었다. 정치와 관

2012년 8월 15일 서울 국립현충원에서 열린 어머니 육영수 여사 38주기 추도식에 동생(박지만 EG 회장)과 함께 참석했다.

계없이 살게 해주는 게 오히려 동생을 보호하는 길이라고 생각했다.

대통령 취임 후 나는 친인척 문제로 국민이 걱정하시지 않도록 하기 위해 관련 업무를 담당하는 공직기강비서관 인선에 신경을 많이 썼다. 여러 사람이 자천타천으로 추천되기도 했지만, 친인척 관리를 하는 비서관이 당사자들과 친분이 있으면 적당하지 않다고 생각해 동생과는 일면식도 없는 사람으로 하려고 생각하고 있었다.

당시 오랫동안 내 일을 도와주고 선거캠프에서도 활동한 적이 있는 분이 내게 공직기강비서관으로 조응천 전 비서관을 강력하게 추천했다. 그는 내게 조 전 비서관이 박지만 회장을 잘 알고 있으니 누구보다도 가족 문제 관리를 잘 하지 않겠냐고 하면서 적극적으로 조 전 비서관을 홍보하고 보증했다. 그러나 역시 동생과 관계가 있다는 점이 꺼림칙해 나는 조 전 비서관을 2순위 정도로 생각했다.

여러 날을 두고 청와대 참모 인사를 고민하던 중에, 처음에 민정비서관으로 쓰려고 했던 분에 대해 너무 강한 스타일이라며 반대하는 분들이 있었다. 인선 발표 마지막 순간에 그들의 건의를 받아들여 공직기강비서관으로 내정됐던 분을 민정비서관으로 돌리게 됐다. 이 바람에 애초에 1순위 인선에 들어 있지 않던 조 전 비서관이 공직기강비서관으로 임명된 것이다. 그런데 이것이 결과적으로 패착이었다.

●

1순위 아니었던 조응천 임명, 결과적으로 패착

정윤회 리스트 보도를 수사한 검찰은 시사저널의 박 회장 미행설 보도에 대해서도 조사했다. 그 결과 기사 내용 일체가 박관천 경정의 창작품으로 확인됐다. 검찰 조사에 따르면 '정윤회 미행설'을 전해 들은 박 회장이 박 경정에게 이에 대한 조사를 부탁했는데, 박 경정은 이번에도 사실이 아닌 내용으로 채워진 보고서를 만들어 박 회장에게 넘겼다. 검찰은 이들이 박 회장과 밀착해 정치적 입지를 다지기 위해 이 같은 행동을 저질렀다고 결론 내렸다. 또 조 전 비서관이 박 회장에게 2013년 6월부터 2014년 1월까지 청와대 내부 보고서 17건을 전달한 것도 발각됐다.

공직기강비서관실은 대통령의 지시를 받아 움직이는 곳이지 대통령 동생의 지시로 움직이는 곳이 아니다. 이들이 자신들의 정치적 입지를 위해 수단과 방법을 가리지 않고 대통령의 동생까지 거짓말로 엮으면서 가족 사이를 이간질했다는 것을 알고 나는 너무나 큰 충격을 받았다.

지금 돌아보면 처음 내가 생각했던 대로 민정수석실 비서관 인사를 했더라면 조 전 비서관은 청와대로 들어오지 않았을 것이고, 세상을 혼란스럽게 한 소위 '정윤회 리스트' 파문도 없었을 것으로 생각한다. 두고두고 후회했다.

●

말 잘못 전한 이준석,
음종환에 사과했다고 들어

'정윤회 리스트'의 파장은 당으로도 튀었다. 2015년 1월 12일 김무성 새누리당 대표의 수첩에 "문건 파동 배후는 K, Y. 내가 꼭 밝힌다. 두고 봐라. 곧 발표가 있을 것"이라고 적힌 메모가 국회 사진기자들의 카메라에 잡힌 것이다. K는 김무성 대표를, Y는 유승민 의원을 가리키는 것으로 해석됐다. 그러자 김 대표는 이틀 뒤 신년기자회견에서 "수첩의 메모는 어느 자리에서 얘기를 듣고 하도 황당한 이야기라서 메모한 것"이라고 해명했다.

한 달 전 음종환 당시 청와대 행정관이 이준석 전 새누리당 비대위원을 사적으로 만난 자리에서 '정윤회 문건의 배후에는 김무성·유승민 의원이 있다. 조응천 전 비서관이 유 의원에게 줄을 대 공천을 받으려고 했던 것'이라는 식으로 말했다는 사실이 추가로 언론에 보도됐다.

음종환 행정관은 이러한 언론 보도 후 공직자로서 물의를 일으킨 데 대한 책임을 지겠다면서 사표를 제출했다. 당시에도 음 행정관은 이준석 전 비대위원을 만난 사실은 있지만, 김 대표와 유승민 전 의원이 정윤회 리스트의 배후라고 한 사실이 없다고 관련 보도를 부인했다. 또 "이 전 비대위원에게 '박관천 경정은 피라미에 불과하고 조응천 전 비서관이 배후다. 조 전 비서관이 김 대표와 유 의원에게 줄을 대 대구에서 배지를 달려고 하는 사람인데, 그런 사람의 말을 믿고 평론을 하느냐. 참 섭섭하다'고 한 게 전부다"고 해명을 한 바 있다.

나중에 전해 듣기로는 당시 새누리당 여성 의원인 A가 어느 정치인의 결혼식에서 이준석 전 비대위원에게 "이번 정윤회 리스트의 배후가 김무성과 유승민이라고 음종환이 이야기 했다고 한다"고 하자, 이에 이 전 비대위원이 음 행정관과 나눈 이야기를 잘못 이해했는지 "나도 그런 취지의 말을 들은 적이 있다"고 말했다고 한다.

그 후 음 행정관이 이 전 비대위원에게 "내가 언제 그런 말을 했나"라고 화를 내면서 따지자 이 전 비대위원이 자신이 잘못했다고 사과했다고 한다. 내가 늘 '촉새'라고 못마땅해했던 A의원이 무슨 근거로 음 행정관을 음해했는지 나로서는 알 수가 없다. 자신이 하지도 않은 말로 인해 곤욕을 치르고 청와대를 나간 음 행정관은 그 이후에도 자신에 대해 어떠한 변명도 하지 않았다고 들었다.

도무지 이해되지 않았다. 나는 정윤회 리스트 사건 배후에 김무성·유승민 두 사람이 있다고 생각한 적이 단 한 번도 없었고, 그런 얘기를 한 적은 더더구나 없었다. 두 사람 역시 나에게 이에 대해 따로 해명하지 않았다.

문건 배후에 김무성, 유승민?
그런 생각한 적 없다

이뿐만이 아니다. 2018년 4월 국정원 특수활동비 수수 의혹
과 관련한 재판에서 오현택 전 국정원 정책특별보좌관은 박지
만 회장이 남재준 당시 국가정보원장에게 정윤회 실장 뒷조사
를 부탁했다가 그 사실이 나와 김기춘 비서실장에게 알려져
2014년 5월 사임하게 된 것이라고 진술했다. 이것도 사실이 아
니다. 국정원장을 그런 정도의 사유로 그만두게 하지는 않는다.

덧붙이자면 정호성·안봉근·이재만 세 사람이 남 원장과
국정원 인사를 두고 갈등을 벌였다는 이야기도 돌았는데, 이
것도 100% 틀린 이야기다. 세 사람은 각각 제1부속비서관, 제
2부속비서관, 총무비서관을 맡았고, 서로 무슨 일을 하는지 모
를 정도로 철저히 역할이 분리돼 있었다. 이들이 공모해 국정
원장과 인사로 갈등을 벌인다는 것은 당시 청와대 시스템을
전혀 모르고 하는 이야기다.

공직기강비서관실의 두 사람이 '지라시'를 긁어 붙여 창작

195

한 보고서는 이처럼 여파가 오래갔다. 검찰 조사에서 박 경정은 '이것을 어떻게 만든 것이냐'는 질문에 제대로 답변을 못했다고 한다. 나는 우리 사회가 거짓말에 이토록 쉽게 흔들릴 수 있다는 것에 대해 적잖은 우려가 들었다. 그리고 이런 우려는 나중에 현실이 됐다.

일각에서는 정윤회 리스트 사건이 2년 뒤 벌어질 '최서원 국정농단' 사태의 예고편이었다는 말도 나온다. 정 실장의 국정 개입은 사실이 아닌 것으로 드러났지만, 당시 해소되지 못하고 널리 퍼졌던 루머들이 '최서원 사태'를 거치면서 사실처럼 윤색돼 국민의 실망과 분노를 폭증시켰다는 것이다. 지금 생각해보면 2014년 정 실장 논란이 불거졌을 때 최서원 원장에 대해 조금 더 주의를 기울였으면 어땠을까 하는 후회가 든다.

그러나 그때만 해도 정 실장에 대한 의혹이 워낙 터무니 없는 데다 나 자신이 100%의 진실을 알고 있었기에 이런 의혹이나 소문 또는 언론 보도만으로 일을 처리한다는 것은 위험하다는 생각을 갖게 됐다. 이런 경험들이 최서원 원장에 대해 경계를 풀고 느슨하게 만든 것 같다. 이것이 천추의 한으로 남을 실수였다.

아쉬웠던
공무원연금 개혁

돌이켜보면 대통령으로서 어려운 결정을 내려야 했던 적이 여러 번 있었다. 사드(THAAD) 배치처럼 갑작스레 떠오른 현안도 있었지만, 전임 정부들이 손대지 않고 뒤로 떠넘긴 '인기 없는' 정책들을 떠맡게 된 것도 적지 않았다. 공무원연금 개혁이 그 대표적인 사례였다.

대통령이 되기 전부터 전문가들을 만나 시급하고 중요한 국정 과제에 대해 논의했던 나는 연금 문제의 심각성을 잘 알고 있었다. 이미 한나라당 대표 시절이던 2006년 1월 26일 신년 기자회견에서 "공무원연금과 군인연금도 국민 혈세를 부담하며 언제까지나 개혁을 미룰 순 없다"고 강조한 적이 있다. 그래서 대통령에 취임할 무렵 연금 개혁만큼은 반드시 해놓고 퇴임하겠다고 결심한 상태였다.

연금 제도는 출발부터 적자가 예정되어 있었다. 도입 당시 정부는 가입자를 늘리기 위해 적게 내고 많이 받을 수 있도록 설계했기 때문이다. 가입자 수를 확보하는 데는 성공했지만, 시간이 갈수록 적자 폭이 눈덩이처럼 불어났다. 여기에 더불어 고령화도 무섭게 가속화했다. 과거엔 청년 두 사람이 노인 1명을 부양하는 수준이었다면, 얼마 후엔 청년 한 사람이 노인 3~4명을 부양하는 시대가 예정되어 있다.

하지만 연금의 속성상 일단 주기 시작하면 이것을 도로 빼앗는 것은 굉장히 어렵다. 매번 연금 개혁을 꺼내 들었던 역대 정부는 결국 근본적인 수술 대신 세금을 더 걷어 적자를 메우는 쪽으로 물러서곤 했다. 포퓰리즘이 이래서 무섭다는 것이다. 이렇게 밑 빠진 독에 물을 붓는 땜질 처방이 계속되다 보니 언제 터질지 모르는 폭탄 돌리기나 다름없었다.

얼마 전 프랑스에서도 에마뉘엘 마크롱 대통령이 정년을 62

세에서 64세로 2년 늦춰서 연금 수령 시점을 늦추는 법안을 추진하자 프랑스 전역에서 시위가 열리고 폭력사태가 발생하는 등 난리가 난 적이 있다. 어느 나라든지 가장 추진하기 어려운 정책 중 하나가 연금 개혁이다.

●

연금 개혁 손 안 댔다면
가슴 치며 후회했을 것

늦으면 늦어질수록 개혁하기가 힘들어진다는 것을 잘 알고 있었기에 나는 2014년 2월 집권 2년 차를 맞아 '경제혁신 3개년 계획'을 발표하면서 공무원·군인·사학 등 3대 연금개혁 계획을 핵심 과제로 꺼냈다. 당·정·청은 우선 공무원연금을 '더 내고 덜 받는' 방식으로 손질하기로 했다.

공무원연금부터 먼저 메스를 대기로 한 것은 이유가 있다. 연금은 다른 나라도 낸 것보다는 조금 더 받도록 설계되어 있다. 하지만 한국은 그 차이가 크다. 대표적인 사례가 한국의 공무원연금이다. 2014년 당시 공무원은 자신이 낸 돈보다 4배

많은 연금 총액을 받도록 설계되어 있었다. 그러다 보니 1990년대부터 적자가 나기 시작했다. 근본 처방을 미루다 보니 도입 초기에는 연금 재원이 공무원 1, 정부 1, 세금 1의 비율이었는데, 2030년에는 공무원 1, 정부 1, 세금 4의 비율이 될 예정이었다. 그렇게 되면 매년 14조~15조 원의 세금을 쏟아부어야 한다.

상황이 이렇게 되도록 공무원연금을 손대기 어려웠던 것은 이유가 있다. 2014년 기준으로 공무원연금 직접 대상자는 약 106만 명, 수급자가 34만 명이었다. 미래와 현재 수급자를 합치면 140만 명이고, 가족까지 고려하면 약 400만 명에 달했다. 이들을 잠재적 반대세력으로 둘 각오를 해야만 손을 댈 수가 있는 것이다.

나라고 그런 우려가 없었던 것은 아니다. 거센 반발이 나오고, 힘든 일이라는 것을 잘 알았다. 피할 수 있으면 피하고 싶은 일이었다. 내 재임 중 이걸 안 했다고 해서 심하게 욕먹을 일도 없었다. 하지만 힘든 일은 다 미뤄놓고 임기를 마친다면 무엇 때문에 대통령을 하려고 했냐는 회의가 들 수밖에 없다. 대통령은 나라 살림을 책임져야 하는데 살림에 구멍이 나는 걸 알면서도 나 몰라라 하면서 방치할 순 없었다. 비난을 듣더라도 의지와 사명감을 갖고 해야 한다고 생각했다.

손대는 게 늦어질수록 기존 연금의 혜택을 누리는 기득권자가 많아지고, 그들이 가져가는 액수도 많아지기 때문에 개혁은 더욱더 힘들어진다. 결국 대통령이 결심하고 책임지고 추진할 수밖에 없다. 지금 돌이켜보면 이것을 안 하고 미뤄뒀다면 지금쯤 얼마나 가슴을 치면서 자책했겠나 싶다.

추진 과정은 예상대로 험난했다. 2014년 하반기 정기국회에서 공무원연금을 다룰 가능성이 커지자 6월부터 공무원노동조합총연맹이 공무원연금 개혁 저지 기자회견을 여는 등 목소리를 높이기 시작했다. 10월 27일 새누리당이 공무원연금 개혁을 당론으로 채택하고 관련 법률 개정안을 국회에 제출하자 공무원노조는 "개악안을 밀어붙이고 있다"면서 11월 14일 서울 여의도에서 '100만 공무원 총궐기의 날' 대회를 열어 세를 과시했다.

그러자 여당인 새누리당도 움츠러들었다. 공무원들의 표를 의식한 것이다. 2014년 10월 19일 국무총리 공관에서 열린 비공개 고위 당·정·청 회의에서 김기춘 비서실장 등이 연내 조

취임 1주년인 2014년 2월 25일 오전 청와대 춘추관에서 경제혁신 3개년 계획 관련 대국민 담화문을 발표했다. (위)

2014년 11월 1일 서울 여의도공원 문화마당에서는 공무원연금 개혁안 반대 100만 공무원, 교원 총궐기대회가 열렸다. (아래)

속한 처리를 요구했을 때 여당 지도부는 법안은 상정하더라도 처리 시점은 속도를 조절할 필요가 있다는 입장을 표시했다.

하지만 2016년 4월에는 총선이 있다. 그때가 되면 국회의원들이 표심을 의식해 민감한 이슈는 더욱 다루기 어려워한다. 또 그 이듬해(2017년)에는 대선이 있기 때문에 더더욱 어려워진다. 추진을 늦출수록 어려워질 뿐이었다. 당장 개혁을 하지 않으면 차기 정부는 5년 동안 33조 원의 적자를 혈세로 메워야 하는 판이었다. 2010년대 그리스를 비롯한 남유럽 국가들이 연쇄 국가부도 위기에 처했던 큰 요인 중 하나도 연금 문제 아니었나. 가슴이 바짝바짝 탔다. 2014년 11월 20일 김무성 대표, 이완구 원내대표, 주호영 정책위의장 등을 청와대로 불러 "개혁안을 통과시키지 못하면 역사에 죄를 짓는 것"이라고 말하며 연내 처리를 거듭 강조했다.

여당을 이렇게 단속했어도 처리는 낙관하기 어려웠다. 새누리당은 과반을 확보한 다수당이었지만 19대 국회 말에 국회선진화법이 도입되면서 야당이 반대하면 법안을 신속하게 처리하기 어려웠다. 공무원노조와 가까운 제1야당인 새정치민주연합(더불어민주당의 전신)은 공무원연금 개혁안에 대해서 부정적이었다. 국회도 소극적이고, 공무원노조도 반발하는 상황에서 동력을 마련하려면 여론에 호소하는 수밖에 없었다. 국민이 심각성을 느낄 수 있게 피부에 와닿게 이야기하는 것이 중요했다.

•

"연금개혁 늦어지면 하루 80억"
내가 만든 슬로건

그래서 내가 만든 슬로건이 "공무원연금 개혁이 하루 늦어질수록 80억 원의 세금이 들어간다"는 것이었다. 기회가 있을 때마다 이 얘기를 하면서 "이 개혁은 미래 세대 부담을 줄이기 위한 마지막 기회다. 이 중요한 사회 안전망을 폭탄 돌리기 하듯이 넘기고 방치할 수는 없다"고 강조했다. 과장이 아니었다. 당장 2015년부터는 80억 원, 2016년부터는 하루 100억 원, 5년 후에는 하루 200억 원씩 공무원연금 적자를 메우는 데 세금이 들어갈 전망이었다. 이렇게 알리기 시작하자 국민 사이에서도 '하루에 세금이 80억 원이나 들어가는 것은 정말 너무한 것 아니냐'는 목소리가 점점 높아졌다.

이와 함께 나는 공무원연금 관련 자료나 세부 통계를 공무원은 물론 국민도 볼 수 있도록 모두 개방했다. 현재 재정 상황이 어떤지 보여줌으로써 개혁의 당위성에 공감을 갖게 하는 효과가 있었다.

사회가 경각심을 갖게 하려는 노력이 계속된 덕분인지 언론에서도 '국회가 발목을 잡지 말고 연금 개혁을 빨리 처리해야 한다'는 사설이나 칼럼을 싣기 시작했다. 분위기가 이렇게 되자 야당도 '대의에는 공감한다'면서 대화 테이블로 나왔다. 그 결과 2014년 12월 20일 여야는 공무원연금개혁특위와 국민대타협기구를 설치하기로 합의해 2015년 1월부터 논의를 시작했다. 국민대타협기구에는 직접적 이해당사자인 공무원 단체를 비롯해 시민단체, 정부 관계자 등이 참여해 수십 차례 난상토론을 벌였다. 애초 목표였던 2014년 연내 처리는 물 건너갔지만, 이듬해 5월 2일까지 개혁안을 처리하기로 여야가 합의했다는 점은 고무적이었다.

야당을 협상 테이블에 끌어들이는 것은 성공했지만 어려움은 계속됐다. 종료 시한을 2달 앞둔 2015년 3월까지도 특위는 진전을 보지 못했다. 야당은 여당 안에 반대하면서도 딱히 대안도 내놓지 않는 애매한 입장을 취했다. 초조했던 나는 2015년 3월 31일 국무회의에서 "개혁을 하지 않으면 역사와 국민 앞에 큰 누를 범하게 되는 것이다, 아흔아홉 길을 뚫었는데 마지막 한 길을 못 뚫어서 개혁이 좌절돼서야 쓰겠나"라며 조속한 처리를 촉구했다.

●

"어휴, 이것만 생각하면 한숨 나와요" 당황한 국회

결국 여야는 2015년 5월 2일 공무원연금 개혁안에 합의했다. 연금 수령액을 산정하는 연금 지급률은 현행 1.9%에서 20년에 걸쳐 1.7%로 내리고, 7%인 기여율(공무원이 내는 보험료율)은 5년 동안 9%로 올린다는 내용이었다. '더 내고 덜 받는' 안이 만들어진 것이다. 그런데 문제는 그다음이었다. 이를 통해 얻는 세수 절감분의 일부를 공적연금에 투입해 국민연금 명목 소득대체율을 40%에서 50%로 올리기로 한다는 내용이 추가

됐다. 야당의 주장을 수용한 것이다.

처음에 여야 합의 소식을 듣고 반가워했던 나는 합의 내용을 보고받은 뒤 고개를 갸웃하지 않을 수 없었다. 이것은 '개혁'이 아니라 '개악'이나 다름없었기 때문이다. 국민연금 명목소득대체율은 은퇴 전 소득을 일정 부분 보장해주는 비율이다. 예를 들어 명목소득대체율이 40%면 은퇴 전에 월 300만 원을 받던 사람은 연금으로 월 120만 원을 받는데, 50%가 되면 연금이 월 150만 원으로 30만 원이나 늘어난다. 1988년 국민연금 도입 초기 소득대체율은 70%였다. 하지만 연금 수급자가 늘어나면서 부담이 커지자 1998년 1차 연금 개편에서 60%로 낮췄다. 이후 2007년 2차 연금 개편에서 2028년까지 단계적으로 40%까지 떨어지게 했다.

그런데 여야가 이것을 다시 50%를 올리겠다는 것이다. 받는 사람 입장에서는 좋겠지만 모두 세금에서 나가야 하는 돈이고, 미래 세대에게 지워지는 부담이다. 애초에 공무원연금을 개혁하자고 나선 것은 연금 적자를 메꾸는 데 들어가는 세금 부담을 줄이기 위해서였다. 그런데 공무원연금 개혁을 통해 만든 세수 절감분으로 국민연금 명목소득대체율을 10%나올린다면 세금 부담은 오히려 더 커지게 된다. 결과적으로 여야의 합의안은 '조삼모사'나 다름없었다. 보건복지부도 여야의 합의안이 알려진 다음 날(5월 3일) 소득대체율을 40%에서 50%로 높이면 2015년부터 2083년까지 급여지출액이 9699조 원에서 1경 1368조 원으로 1668조 원이나 늘어난다고 발표했다.

나는 이것을 개혁이라고 국민 앞에 내놓는 것은 있을 수 없는 일이라고 생각했다. 5월 4일 청와대 수석비서관 회의에서 "(국민연금 소득대체율 문제는) 공무원연금 개혁과는 다른 문제로 접근해야 할 사안이고 국민 부담이 크게 늘기 때문에 반드시 먼저 국민의 동의를 구해야 한다. 약 2000만 명 이상이 가입한 국민연금의 소득대체율을 조정하는 것은 그 자체가 국민께 큰 부담을 지우는 문제"라고 지적했다. 여론도 들끓었다.

더 준다고 하면 좋아할 줄 알았던 여론이 악화하자 국회는 당황했다. 문제의 심각성을 인지한 새누리당은 국민연금 소득대체율 50% 인상을 명시하지 않겠다고 번복했고 야당은 반발했다. 여야 간 책임 공방이 이어지면서 공무원연금 개혁 처리는 다시 표류하게 됐다. 답답한 일이었다. 5월 12일 청와대 국무회의에서 "공무원연금법 개정안을 이번에 처리 못 하면 시한폭탄이 터질 수밖에 없다"고 말하면서 나도 모르게 "어휴, 이것만 생각하면 한숨이 나와요"라고 토로했다. 그러면서 몇 초간 침묵한 것이 언론에서 화제가 되기도 했다. 5월 18일 연금 개혁 차질에 대한 책임을 지고 조윤선 정무수석이 사직서를 냈다.

이런 와중에 여야는 계속 물밑 작업을 이어갔고 5월 29일 결국 공무원연금 개정안이 통과됐다. 2014년 2월 공무원연금 개혁을 언급한 지 458일 만의 일이었다. 국민연금 소득대체율 50% 인상은 '공적연금 강화와 사회적 노후빈곤 해소를 위한 기구'를 만드는 것으로 정리됐다. 여기서 공무원연금 개혁으로 발생하는 재정 절감액의 20%를 공적연금제도 개선에 활용하는 방안을 마련하기로 했다. 길고 긴 공무원연금 개혁의 여정은 이렇게 마무리됐다.

솔직한 심정을 말한다면 공무원연금 개혁을 추진하면서 국회의 역할에 아쉬움을 느낀 게 사실이다. 국회에서 협상의 묘를 기하는 것도 좋지만 제대로 된 개혁 성과가 나오도록 조금 더 노력했으면 하는 마음도 있었다. 언론도 그런 점을 지적했다. 하지만 국회선진화법이 적용된 19대 국회부터는 여야 합의 없이 법안을 만들기가 어려웠다.

그런 한계를 고려하면 국회, 특히 여당에서 참 고생을 많이 했다고 생각한다. 그 결과 향후 70년 동안 497조 원의 재정 절감 효과로 국민 부담을 줄일 수 있다. 그동안 공무원연금의 내는 돈과 받는 돈의 비율이 1:4였는데 국민연금의 1:2 수준까지 낮아졌다. 연금 보전금 비율도 장기적으로 14% 이내에서 유지됨으로써 연금 재정의 지속 가능한 기반을 만들었다. 무엇보다도 사회적 대타협이라는 틀에서 합의해 처리됐다는 점에서 의미가 있었다.

다만 '더 내고 덜 받는' 새 연금안이 이미 연금을 받기 시작한 공무원들에게까지 소급 적용되는 것은 안 된다고 생각했다. 왜냐하면 그들이 공무원이었을 당시에 정부에서 얼마만큼 주겠다고 약속을 한 사안이기 때문이다. 그렇다면 그것은 국가가 법으로 지켜주는 것이 맞다고 생각했다. 그러다 보니 상대적으로 연금에서 손해를 보게 된 젊은 공무원들은 불만이 많았다고 한다.

나는 우리나라 공무원에 대해 긍정적으로 평가한다. 공무원은 우리나라가 발전해 오는 과정에서 엔진 역할을 했다. 나라가 이렇게 발전한 데는 그들의 사명감과 헌신이 밑거름됐다. 창조경제나 각종 규제 개혁을 추진할 때도 공무원들 입장에서는 익숙하지 않은 업무인데도 열심히 따라와 줬다. 폭탄이 터지지 않도록 공무원연금을 개혁할 수밖에 없었지만, 자칫 공무원들을 적대시하지는 않을지 걱정됐다. 그래서 연금 개혁도 공무원들의 애로를 최대한 이해하면서 진행해야 한다고 강조했다. 그런 걸 아는데, 연금 개혁도 안 할 수는 없으니 나도 마음이 괴로웠다.

●

연금 개혁으로 총선 패배?
그게 대통령 책무

나중 얘기지만 2016년 총선에서 새누리당이 예상외의 패배를 당하자 공무원연금 개혁안 처리로 인해 쌓인 불만들이 결국 악영향을 미쳤을 것이란 분석이 나오기도 했다. 특히 공무원들이 많은 세종시 같은 지역에서 여론이 극도로 안 좋았다고 한다. 충분히 그럴 수 있다고 생각한다. 이전보다 많이 내고 적게 받게 되니 그럴 수밖에 없다. 인간이니 다 그렇게 생각할 수밖에 없지 않나. 하지만 그런 점을 모르고 뛰어든 것은 아니었다.

연금 문제는 놔둘수록 뒤에 충격이 커진다. 공무원연금 개혁도 10년 전에만 손을 댔더라도 이렇게까지 힘들지는 않았을 것이다. 그런데 그냥 놔두면서 점점 적자가 쌓이니까 국민 세금은 세금대로 천문학적으로 들어가고, 이걸 바로잡는 개혁도 무척 힘들어진다. 하지만 시한폭탄은 언젠가는 반드시 터진다. 정치인 누구도 연금개혁을 할 필요가 없다고 말하지는 않는다. 누구나 시급성은 다 안다. 개혁을 하면 정치적으로 많은 것을 잃기 때문에 손대지 않는 것뿐이다.

하지만 그런 것을 해야 하는 게 대통령의 책무이자 운명이다. 공무원연금 개혁을 추진하면서 복지 포퓰리즘이 무서운 것이라는 생각을 새삼 하게 됐다. 한번 그렇게 주기 시작하면 거기에 길들여지고 절대로 이를 내놓으려 하지 않는다. 그리고 그 책임은 다음 정부, 미래 세대가 지게 되면서 모두가 언제 터질지 모르는 폭탄을 돌리게 되는 것이다.

이제 베이비부머 세대가 은퇴 연령대에 접어들고 있기 때문에 국민연금을 손대기는 점점 어려울 것이다. 내가 공무원연금 개혁을 했으니, 다음 정부는 국민연금이든 군인연금이든 무언가는 손댈 줄 알았다. 그런데 문재인 정부는 연금 문제에 대해서는 전혀 손을 대지 않았다. 해야 하지만 인기가 없는 정책이기 때문일 것이다. 내가 공무원연금을 개혁할 때 더불어민주당(당시 새정치민주연합)이 그토록 강력하게 요구했던 국민연금 소득대체율 50% 반영도 정작 자신들이 정권을 잡은 뒤엔 추진하지 않았다. 21대 국회에선 국회선진화법에 보장된 야당의 비토권을 무력화시킬 정도로 압도적 의석을 보유했는데도 말이다.

유승민의
연락 두절

한국에서 청와대와 여당의 관계는 미묘하다. 집권 초에는 청와대와 여당이 일심동체처럼 움직이지만, 시간이 흐를수록 양쪽의 견해차가 점점 심해진다. 더는 선거에 나설 필요가 없는 대통령은 정해진 5년 임기 내에 해결해야 할 과제들을 언제나 최우선으로 생각한다. 그러나 국회의원들은 다음 선거에서의 당선을 최우선 목표로 움직이기 마련이다. 대통령이 국가를 위해 꼭 필요한 일이라고 아무리 강조해도 선거에 도움이 안 되면 여당은 적극적으로 나서지 않는다. 그래서 대통령 입장에서 여당과의 관계를 잘 유지하는 것은 성공적인 국정 운영에 매우 중요하다. 그런 측면에서 내가 재임 중에 새누리당과의 관계를 보다 원만히 풀어가지 못한 건 큰 회한으로 남아있다.

당·청 관계에서 전기점이 생긴 것은 2014년 7·14 전당대회였다. 황우여 대표가 2년의 임기를 마친 뒤 새 대표를 뽑는 경선이 벌어졌는데 서청원 의원과 김무성 의원이 양강 구도를 형성했다. 나는 개인적인 관계로 볼 때 서청원 의원이 여당 대표가 되는 게 당·청 관계에 좀 더 보탬이 될 것이라고 생각했다. 실제로도 당내 친박계가 주로 서 의원을 밀었다. 하지만 대통령이 직접 경선에 개입하면 부작용이 클 게 뻔해 내 의중을 내비치는 것은 최대한 자제했다. 그러잖아도 서 의원과 김 의원이 세게 충돌하면서 경선 후유증을 우려하는 목소리가 컸다. 나는 경선 당일 잠실체육관에 가 '1호 당원'으로서 인사말을 통해 "치열한 경선 과정에서 주고받은 서운한 감정은 잊고 새 지도부를 중심으로 하나가 돼 주시길 바란다"고 당부했다.

'친박 좌장' 서청원 꺾고
대표 된 김무성

뚜껑을 열어 보니 김무성 의원이 29.6%의 득표율로 서청원 의원(21.5%)을 예상보다 큰 격차로 이기고 새 당 대표가 됐다. 당시 경선 결과에 대한 보고를 들어보니 김 의원이 상향식 공천을 하겠다고 공약한 게 의원들과 원외 당협위원장들에게 상당히 어필했다고 한다. 당원들이 후보를 뽑는 상향식 공천은 정당 민주화라는 대의명분만 놓고 보면 이상적인 제도다. 민주주의의 전통이 굳건한 구미 선진국에선 보편화된 제도이기도 하다. 그러나 풀뿌리 정당정치 기반이 아직 취약한 한국에선 상향식 공천이 자칫 현역 의원들의 기득권을 강화하는 도구로 악용될 수 있다. 정치 신인들은 각종 규제로 꽁꽁 묶여 있기 때문에 경선에서 자금·조직력·인지도가 압도적으로 우세한 현역 의원들이나 당협위원장을 꺾기란 굉장히 어렵다. 나는 그런 부분을 걱정하지 않을 수 없었다.

당시 언론에선 나와 김무성 의원을 애증의 관계로 묘사하곤 했다. 김 의원은 2005년 내가 한나라당 대표 시절에 사무총장으로 발탁해 인연이 시작됐다. 2007년 대선 경선 때도 캠프에서 핵심 역할을 맡았다. 그러나 이명박 정부 시절에 소원해졌다. 2009년 5월 당시 청와대가 김 의원을 원내대표에 추대하려고 했으나 내가 반대하는 바람에 무산되는 일이 있었다. 2010년 세종시 수정안 논란이 결정적이었다. 당시 김 의원이 세종시 원안에 대한 절충안을 제시했지만, 나는 "가치 없는 얘기"라고 잘랐다. 나는 이른바 '친박 좌장'으로 불리는 인사가 세종시에 대해 나와 다른 의견을 얘기하면, 외부에서 내 생각도 달라진 것 아니냐는 혼선을 줄 수 있다고 생각했다. 그래서 "친박에는 좌장이 없다"는 메시지를 던졌다.

그 후 김 의원은 친이계의 지원을 받아 한나라당 원내대표가 됐다. 그렇게 나와는 완전히 멀어지나 싶었지만, 정치라는 건 앞날을 예단하기 힘들다. 김 의원은 2012년 대선 때 우리 캠프가 난조에 빠지자 총괄선대본부장을 맡아 진용을 수습하고 대선 승리에 공로를 세웠다. 김 의원이 당 대표가 된 것은 대선 기여도에 대한 당원들의 평가도 작용했을 것이라 본다.

●

'김무성 빼고 만찬'
오해 커져 아쉽다

과거야 어찌 됐든 김무성 의원은 여당 대표가 된 이후 청와
대와 호흡을 잘 맞춰보려고 의욕을 보이는 것 같았다. 그러나
뜻하지 않게 돌출적 사건도 가끔 생겼다. 대표적인 게 2014년
10월 16일 '개헌 발언'이다. 김 대표가 방중 기간에 수행 기자
들과 간담회를 하면서 "정기국회 후 개헌 논의의 봇물이 터질
것 같다"며 "오스트리아식 이원정부제를 검토해야 한다"고 말
한 것이다.

　나는 이미 그해 신년 회견에서 개헌 논의에 대해 "개헌은 워
낙 큰 이슈이기 때문에 한번 논의가 시작되면 블랙홀같이 모
두 거기에 빠져들어서 할 것을 못한다"며 반대한다는 입장을
분명히 밝혔다. 민생 안정과 경제 회생에 총력을 기울여야 할
시점에 정치권이 엉뚱한 데 에너지를 소모하면 안 된다는 생
각이었다. 그래서 김 대표 발언 직전인 10월 6일 청와대 수석
비서관회의에서도 나는 "개헌론은 경제를 삼키는 블랙홀이 될

것"이라며 재차 개헌 논의 자제를 요청한 상태였다. 그런 대통령의 입장을 모를 리 없는 여당 대표가 기자들 앞에서 느닷없이 개헌 얘기를 꺼냈으니 당연히 파장이 클 수밖에 없었다.

당시 나는 이탈리아에서 열린 아시아·유럽정상회의에 참석 중이었다. 한국에서 온 김 대표 발언 소식을 듣고 곤혹스러웠다. 그나마 다음 날 곧바로 김 대표는 공개석상에서 자신의 발언이 불찰이었다고 해명했다고 보고받았다. 본인이 발언을 취소한다는데 내가 더 말을 보태고 싶진 않았다.

그 뒤로 김 대표는 여권의 최대 현안이었던 공무원연금 개혁에 발벗고 나섰다. 공무원연금법 개정안을 직접 대표 발의했고, 인기 없는 개혁을 주저하는 여당 분위기를 바꾸기 위해 노력했다. 요지부동인 야당과도 타협안을 만들기 위해 애쓴 것으로 안다. 그렇게 김 대표와의 관계가 개선되나 싶었는데 또다시 뜻하지 않은 악재가 생겼다. 2014년 12월 19일 대선 승리 2주년 기념으로 청와대에서 일부 친박계 중진 의원들과 비공개로 만찬을 했는데 여기에 김 대표가 빠진 사실이 뒤늦게 언론에 알려진 것이다. 사실 그날 만찬은 내가 제안한 게 아니고, 당의 한 인사가 먼저 건의했던 것이다. 그분은 나와 김

2015년 6월 8일 새누리당 최고위원회의에 참석한 김무성 대표(오른쪽)와 유승민 원내대표.

대표의 관계가 껄끄럽다고 생각해 김 대표를 만찬 모임에 부르지 않았던 것 같다. 그냥 조용히 밥만 먹고 끝났으면 별일도 아니었을 일인데, 나중에 참석자 중 한 명이 만찬을 언론에 흘리는 바람에 일이 커졌다.

원래 그 무렵 나는 김 대표를 따로 한 번 보려고 마음먹고 있던 차였다. 그런데 갑자기 언론에 '김 대표를 뺀 만찬'이 보도되면서 모양이 우습게 됐다. 이제 와서 김 대표에게 만나자고 연락하면 오해받기 딱 좋을 것 같았다. 일이 그렇게 되면서 김 대표와의 회동은 타이밍을 놓치고 말았다. 지금 생각하면 당시에 좀 어색하더라도 김 대표를 만나는 게 좋았을 것이란 생각도 든다. 지나고 나면 아쉬운 일이 참 많다.

국회 지하통로 함께 걸었던 유승민…
벽이 가로막은 느낌

2015년 2월 새누리당 원내대표 경선에서 유승민 의원이 이주영 의원을 누르고 당선되면서 당·청 관계는 본격적으로 흔들리기 시작했다. 언론은 여당의 대표와 원내대표 투 톱이 모두 비박계가 됐다고 대서특필했다. 나는 김무성 대표가 유 의원을 민 게 경선에 큰 영향을 준 것으로 보고받았다.

유승민 의원은 정치권의 인연으로 따지면 오래된 사이다. 내가 한나라당 대표로 2004년 총선을 치를 때 공천을 직접 챙겼던 사람이 있는데 그게 바로 유 의원이었다. 강재섭 전 대표가 내게 전화를 해서 "이회창 전 총재가 자신이 아끼던 유승민 전 여의도연구소장의 비례대표 공천을 부탁한다"고 전해 줬다. 당시 나는 유 의원이 누군지 전혀 몰랐지만 이 전 총재를 예우하는 차원에서 유 의원의 비례대표 순번을 안정권 이내로 조정했다. 이후 유 의원은 내 비서실장을 역임했고, 나의 요청으로 2005년 10월 대구 동을 재선거에 출마해 당선됐다. 당시 재선거 때 열린우리당의 상대 후보(이강철 전 청와대 시민사회수석)가 워낙 거물이라 나는 혼신의 힘을 다해 선거를 도왔다. 유 의원은 2007년 대선 경선 캠프에서도 핵심으로 활약했다.

그랬던 유 의원은 언제부턴가 나와 거리를 두기 시작했다. 나는 이명박 정부 시절에 차기 대선 출마를 위해 전문가·학자들과 정책을 토론하고 공약을 수립하는 모임을 운영했다. 그런데 어느 순간부터 유 의원이 모임에 안 나오기 시작했다. 나는 처음에 유 의원이 바쁜 일이 있어서 그런가 보다 생각했는데 그 이후에 계속 모습을 나타내지 않았다. 나는 아직도 정확히 그 이유를 모른다.

2012년에 있었던 일로 기억한다. 나와 유 의원이 국회 의원회관에서 본관까지 이어지는 지하통로를 모처럼 함께 걸어간 적이 있다. 둘만이 대화할 기회가 생긴 건 오랜만이었다. 당시에 이미 나와 유 의원의 관계가 예전 같지 않다는 말이 나올 때여서 신경을 쓰지 않을 수 없었다. 나는 일부러 이런저런 질문을 던지면서 얘기를 계속 걸었다. 그런데 이상하게 대화가 계속 겉돌았다. 나와 유 의원 사이를 어떤 벽이 가로막고 있는 느낌이었다. 꽤 긴 거리를 걸었지만 헤어지고 나서 씁쓸했던 기분이 지금도 기억난다.

짐작하건대 아마 유 의원은 자신이 추구하는 정치 노선과 내가 걷는 길이 다르다고 생각했던 것 같다. 정치인이 자신의 주관대로 정치하는 것은 남이 뭐라고 할 일이 아니다. 자신의 선택에 대해 국민에게 평가받고 그에 상응하는 정치적 책임을 지면 된다. 다만 대통령 입장에선 가장 호흡이 잘 맞아야 할 여당의 원내대표가 자기 색깔이 강한 사람이라면 부담을 느끼지 않을 수 없다. 그래서 유 의원이 원내대표에 당선됐다는 소식을 접했을 때 앞으로 당·청 관계가 쉽지 않겠다는 걱정이 든 게 사실이다. 우려는 머잖아 현실화됐다.

●

교섭단체 연설서
정부 때린 유승민

유 의원은 2015년 4월 8일 국회 교섭단체 연설에서 "공약 가계부를 더는 지킬 수 없다. 지난 3년간 예산 대비 세수 부족은 22.2조 원"이라며 "증세 없는 복지는 허구임이 입증되고 있다"고 주장했다. 그는 "창조경제를 성장의 해법이라고 자부할 수는 없다"고 깎아내리면서 "야당이 제시한 소득주도형 성장론도 재검토가 필요하다"고 말했다. 당시 나는 연설 장면을 TV 중계로 직접 봤는데 그의 발언을 납득하기 힘들었다. 일반 의원이면 자기 생각을 강조해서 말할 수 있겠지만, 원내대표는 당의 공식 입장을 대변하는 게 옳다고 생각한다. 하물며 국회

연설에선 더욱 그렇다.

그런데 여당 원내대표가 교섭단체 연설에서 정부의 핵심 정책과 대통령의 핵심 공약을 부정하는 모습을 보인 것은 나로선 상상하기 힘든 일이었다. 유 의원이 원내대표 경선에서 "내가 당선되면 정부의 핵심 공약을 뒤집겠다"고 미리 밝힌 다음에 당선된 것도 아니지 않은가.

연설 내용도 문제가 많았다. 나는 증세를 말하기 전에 기존 복지 지출의 효율성을 제고하는 게 먼저라고 봤다. 여기저기서 줄줄 새는 돈과 불필요한 지출을 최대한 절약해 재원을 마련하고, 비과세 감면과 지하경제를 축소해 세원을 넓히는 노력을 하는 게 우선이란 것이다. 그런 노력도 없이 세금부터 더 내라는 것은 절대 안 된다는 게 나의 확고한 신념이었다.

실제로 나는 그런 노력을 기울여서 상당한 성과를 냈다. 유 의원이 말한 3년간 22.2조 원의 세수 부족은 이명박 정부에서 2013년도 예산을 짤 때 너무 낙관적으로 세입 전망을 짰기 때문에 구멍난 게 대부분이었다. 우리 정부는 증세하지 않고도 그 구멍을 거의 다 메웠고, 재정 건전성을 아주 양호하게 만들어 문재인 정부에 나라의 곳간을 넘겨줄 때 세수를 알뜰하게 많이 남겼다. 나중에 박근혜 정부가 재정 기반을 잘 닦아 놓은 덕분에 문재인 정부가 큰 도움을 받았다는 말까지 나오지 않았는가. 또 유 의원은 대기업의 법인세 인상도 시사했다. 하지만 국제적으로 기업들이 투자환경이 좋은 나라로 몰려다니는 마당에 우리만 법인세를 올리자는 건 투자를 위축시킬 수 있는 위험한 주장이었다.

창조경제에 대한 폄훼도 납득하기 어려웠다. 창조경제는 새로운 성장 동력을 창출하려는 '한국식 4차 산업혁명'이었다. 창조경제는 제대로 된 성장 해법이 아니라면서도 유 의원은 야당(당시 새정치민주연합)의 소득주도 성장론은 환영한다고 하니 나는 기가 막히지 않을 수 없었다.

•

국회법 개정안 통과 전 연락 피한 유승민,
어처구니없었다

유 의원과의 관계가 결정적으로 파탄이 난 건 공무원연금 개혁 때였다. 당시 공무원연금은 시한폭탄 같은 상태였다. 문제가 크지만 손대기 부담스럽다는 이유로 이전 정권에서 그냥 떠넘기기만 했다. 나는 이왕에 공무원연금을 개혁하려고 마음 먹었으면 20~30년은 갈 수 있는 개혁을 해야 한다고 생각했다. 정치적으로 부담이 큰 사안이라 자주 손질하기가 힘들기 때문이다. 그런데 2015년 5월 국회에서 만들어 온 협상안을 보니 내 기대에 못 미쳤다.

그래서 내가 공개적으로 청와대 수석비서관회의에서 협상안을 비판하기도 했다. 하지만 김무성 대표를 비롯한 여당 지도부가 "협상이란 게 상대가 있기 때문에 이게 최선"이라고 설명하는데 어쩔 도리가 없었다. 나도 국회 생활을 오래 해봤기 때문에 야당이 끝까지 협조를 안 해주면 방법이 없다는 걸 잘 안다. 여당도 나름대로 고충이 많았을 테니 "애 많이 쓰셨다"고 격려하면서 결과를 받아들이기로 했다.

그런데 공무원연금법 개정 합의의 부대조건으로 국회법을 개정하기로 합의했다는 얘기가 들렸다. 대통령령에 대해 국회가 수정·변경권을 갖도록 국회법을 고치겠다는 것이다. 나는 그런 국회법 개정은 말이 안 된다고 생각했다. 당시 정부는 국회선진화법에 가로막혀서 국회에선 의미 있는 법안 처리를 하나도 못하는 상황이었다. 그나마 대통령령의 재량 범위 내에서 조금씩 고쳐가면서 근근이 버텨 나가는 실정이었다. 그런데 그런 식으로 국회법을 고쳐버리면 국회가 대통령과 정부의 손발을 꽁꽁 묶겠다는 얘기 아닌가. 나는 몹시 화가 났다. 유승민 원내대표는 도대체 무슨 생각에서 그런 합의를 해준 것인가.

2015년 5월 28일 여야 지도부는 공무원연금법 개정안과 국회법 개정안 등을 일괄 처리하는 방안을 놓고 아침부터 밤까지 계속 협상을 벌였다. 나는 이미 일찌감치 조윤선 정무수석을 통해 여당 지도부에 국회법 개정안은 삼권분립 위반이기 때문에 절대로 받아선 안 된다는 입장을 전달한 상태였다. 하지만 국회에서 들려오는 얘기가 점점 여당이 개정안을 받는 쪽으로 기울어진다는 것이었다. 유 원내대표는 조 수석을 대화 상대로 존중할 생각이 없는 것 같았다. 하긴 그는 국정감사 질의 때 "청와대 얼라들"(2014년 10월 7일)이란 말까지 했을 정도였으니.

나는 불안해져서 5월 28일 저녁 이병기 비서실장에게 "이상한 얘기가 자꾸 나오는데 국회법 개정안은 절대 안 된다는 것을 유승민 원내대표한테 다시 전달하라"고 지시했다. 그랬는데 이 실장이 원내대표와 연락이 안 된다는 것이었다. 유 원내대표가 일부러 연결을 피하는 듯했다. 어처구니없었다. 원내대표로서 아무리 협상이 어렵다지만 당·청이 한 팀이라면 그런 중차대한 사안은 서로 의논이라도 해야 하는 것 아닌가. 나중에 이 실장이 조해진 원내수석부대표하고 연락이 닿았는데 협상이 종료돼 되돌리기에는 이미 늦었다는 반응이라고 했다. 결국 나는 속수무책인 상태에서 국회법 개정안이 29일 새벽에 국회 본회의를 통과했다. 당시에 언론 보도까지 나왔지만 알고 보니 당시 야당 측이 "이런 사안은 대통령이 잠자는 한밤중에 해치워 버려야 한다"고 제안해 여당이 그에 따른 것이라고 한다.

•

"배신의 정치" 대통령 아닌
국민 배신 말한 것

이런 상황 전개를 보고 나는 더는 유승민 원내대표와 함께 일할 수 없다고 결심했다. 나는 6월 25일 국무회의에서 국회 법 개정안에 대해 "헌법이 규정한 삼권분립의 원칙을 훼손해 위헌 소지가 크다"며 거부권을 행사했다. 이어 "여당의 원내 사령탑도 정부·여당의 경제 살리기에 어떤 국회의 협조를 구했는지 의문"이라며 "정치는 국민의 민의를 대신하는 것이고, 국민의 대변자이지, 자기의 정치철학과 정치적 논리에 이용해서는 안 되는 것"이라고 말했다. 또 "당선된 후에 신뢰를 어기는 배신의 정치는 결국 패권주의와 줄 세우기 정치를 양산하는 것"이라며 "반드시 선거에서 국민께서 심판해 주셔야 할 것"이라고 지적했다.

내가 말한 배신은 대통령에 대한 배신이 아니라 국민에 대한 배신을 의미한 것이다. 우리가 "국민에게 뽑아주시면 이러저러한 일을 하겠다"고 약속해서 당선됐으면 그 약속을 충실히 지켜야 한다. 여당 원내지도부가 정부의 공약 이행에 협조하지 않는다면 결과적으로 국민에 대한 배신이 된다는 것을 가리킨 것이다. 내 발언 이후 새누리당에서도 유 원내대표가 더는 직을 유지하기 어렵다는 분위기가 확산돼 그는 7월 8일 원내대표직에서 물러났다.

2016년 7월 8일 새누리당 비상대책위원 및 국회의원들을 청와대로 초청해 영빈관에서 오찬을 함께했다.

그는 사퇴 회견에서 "대한민국은 민주공화국임을 천명한 우리 헌법 1조 1항의 지엄한 가치를 지키고 싶었다"고 말했다. 갑자기 헌법 얘기를 꺼낸 게 참 뜬금없다고 생각했다. 헌법 정신으로 따지자면 자신이 통과시킨 국회법 개정안이야말로 헌법의 삼권분립 원칙을 침해하는 반헌법적 내용 아니었나.

너무나 안타까운
2016년

유승민 원내대표가 물러난 이후엔 헝클어진 당·청 관계를 정상화하는 게 급선무였다. 2015년 7월 16일 나는 청와대에서 김무성 대표, 원유철 원내대표, 김정훈 정책위의장 등 여당 지도부를 초청해 당·청 회동을 열었다.

나는 김 대표를 "당을 잘 이끄느라 1년 동안 노고가 많았다"고 격려했고, 김 대표는 "박근혜 정부의 성공이 곧 우리의 성공이란 생각을 항상 하고 있다"고 화답했다. 원유철 신임 원내대표는 당·청이 찰떡같이 화합하자는 취지에서 청와대 직원들에게 찰떡을 돌리기도 했다. 나는 단체 회동을 마친 뒤 김 대표와 별도로 20분 정도 독대했다. 당시 대화 내용을 정확하게 기억하진 못하지만 대략 추경을 비롯한 국회 현안을 어떻게 처리할 것인지에 대해 의견을 나눴던 것 같다. 그날은 분위기가 상당히 좋았다. 그렇게 당·청 갈등이 잘 봉합됐더라면 박근혜 정부의 역사는 많이 달라졌을 것이다.

오픈 프라이머리 놓고 불붙은 김무성, 친박 마찰

그러나 현실은 나의 바람대로 움직이지 않았다. 2016년 20대 총선을 앞두고 공천제도 변경 논란이 불씨가 됐다. 김무성 대표는 그가 전당대회에 출마했을 때 공언했던 것처럼 '오픈 프라이머리'(완전개방형 국민경선제)를 도입하겠다는 입장을 굽히지 않았다. 그러나 이미 언급한 것처럼 나는 오픈 프라이머리에 부정적이었다. 아마 그렇게 될 경우에 현역 의원들이 대부분 재공천을 받게 될 텐데, 야당이 대대적인 '새 피 수혈'로 나올 경우 선거가 어려워질 것이란 걱정을 하지 않을 수 없었다. 또 야당 지지자들이 조직적으로 여당 경선에 개입할 가능성도 컸다. 나뿐 아니라 청와대 참모나 새누리당에서도 비슷한 우려를 하는 사람이 많았다.

그래서 그 문제를 놓고 2015년 가을부터 김 대표와 당내 친박계 인사들 사이에 마찰이 커졌다. 그러다 그해 9월 28일 김 대표와 새정치민주연합 문재인 대표가 부산에서 만나 안심번호를 활용한 국민공천제를 도입하기로 합의하면서 갈등이 폭발했다. 나는 당시에 유엔총회 참석차 미국에 있어서 자세한 사정을 알지 못했다. 9월 30일 새벽에 귀국하고 나서야 현기환 정무수석으로부터 여야 대표 간 합의 내용을 보고받았는데 문제가 크다고 판단했다. 그래서 김성우 홍보수석에게 즉시 안심번호 국민공천제의 문제점을 기자들에게 설명하라고 지시했다.

그 후 당에서 한동안 시끄러운 소리가 났지만 결국 기존 당헌·당규의 틀 안에서 공천을 진행하는 것으로 결론이 났다. 당시 나는 이 공천룰 파동을 두고 "대통령이 청와대 출신들을 공천해 주기 위해 김 대표를 압박했다"는 식의 얘기가 나오는 게 불쾌했다. 나는 진심으로 '오픈 프라이머리'의 부작용을 걱정한 것뿐이다. 나는 이병기 비서실장에게 "당에서 오해하니 이번 기회에 총선 출마 의사가 있는 참모들은 거취를 정리해달라"는 뜻을 전달했다. 이 실장은 출마설이 나도는 인사들을 일일이 다 접촉해 본인 뜻을 확인한 뒤 민경욱 대변인과 박종준 경호실 차장의 사표를 받았다. 어쨌든 2015년 가을의 공천룰 갈등은 이듬해 벌어진 공천 파동의 예고편이었다고 할 수 있다.

•

청와대서 보고받은 여론조사,
당 조사인 줄 알았다

세간에 나에 대해 여러 가지 오해가 떠도는데 그중 하나가 내가 20대 총선 공천을 좌지우지했다는 것이다. 실제로 2018년에 검찰이 총선 개입 혐의로 나를 기소해 징역 2년을 선고받았으니 그런 오해가 생길 법도 하다. 그러나 검찰의 기소 내용을 들여다보면 청와대 정무수석실이 총선 여론조사를 하고 선거 전략을 수립한 게 유죄라는 것이었다. 총선을 앞두고 여론조사 결과를 청와대 수석비서관 회의에서 보고받은 사실은 있다. 하지만 나는 그 여론조사는 당에서 실시해 보고한 것으로 생각했다.

나의 전임 대통령 중에 총선 때 정무수석실에서 여론조사 보고를 받지 않은 사례가 과연 한 명이라도 있을까? 검찰은 정치 관행에 법적 잣대를 들이댄 것이고, 나는 그에 대해 재판을 거부하며 일체의 법적 대응을 하지 않았다. 총선 개입에 대한 진정한 평가는 먼 훗날 역사의 법정에서 이뤄질 것이라고 생각한다.

나는 2016년 총선 당시 새누리당에 누구는 공천을 주고, 누구는 공천에서 탈락시키라는 식의 개별 지침을 보낸 적이 없다. 또 어떤 사람은 당시 이한구 의원이 공천관리위원장이 된 게 나의 뜻이었다고 주장했지만, 그것도 사실과 다른 얘기다. 나는 당에서 이 의원을 공천관리위원장으로 내정했다는 보고를 받았을 뿐이다.

이한구 위원장은 굉장히 소신이 강한 분이라 자신이 옳다고 생각하면 그대로 하는 스타일이었다. 나로서도 의외의 공천

결과가 꽤 있었다. 가령 대표적인 게 주호영 의원의 공천 탈락이었다. 나는 주 의원이 공천에서 배제됐다는 소식을 듣고 놀랐다. 주 의원은 이한구 위원장과 같은 대구 수성구 지역구였는데 두 사람 사이에 무슨 일이 있었는지 궁금했다. 하지만 대통령이 개별 공천에 관여하기 시작하면 또 다른 문제가 생길 수 있어 그냥 보고만 있을 수밖에 없었다.

그렇다고 내가 2016년 총선 공천과 아무 상관이 없었다는 얘기는 아니다. 아마 나의 의중을 짐작한 참모들이 당과 여러 가지 공천 문제를 상의했을 것이다. 그런 부분에서 잘못이 있었다면 그에 대한 정치적 책임은 오롯이 나에게 있다. 내가 2015년 11월 1일 국무회의에서 "국민을 위해 진실한 사람들만이 선택받을 수 있도록 해주시길 부탁드린다"고 말한 것도 불필요한 논란을 일으켰던 것 같다.

당시 나는 총선 때 나에게 도와 달라고 그렇게 난리를 치더니, 막상 당선된 뒤에는 정부 공약 실천엔 관심이 없고 자기 정치에만 열중하는 일부 의원들의 행태에 큰 배신감을 느끼고 있었다. 그래서 정치인에겐 자신의 약속을 지키는 신뢰가 중요하단 점을 강조하려고 했던 말이다. 그랬는데 이 말이 당에선 누가 가짜 친박이고 누가 진짜 친박인지를 가르라는 방침처럼 유통됐다. 심지어 '진박 감별사'라는 신조어까지 나돌기 시작했다. 공천을 앞두고 의원들이 몰려다니며 세 과시용으로 사진 찍는 일도 많아졌다. 정말 그런 건 내 뜻과 무관한 일이었다. 그래서 나는 정무라인을 통해 '진박 감별론'을 퍼트리는 인사들에게 "당내 위화감을 조성하는 것은 자제해 달라"는 메시지를 전달한 적이 있다.

•

부산 내려간 김무성,
사상 초유 공천장 날인 거부

나는 총선 공천 때면 으레 당에 시끄러운 일이 많이 생기는 법이지만 새누리당이 잘 극복할 것이라고 기대했다. 그러나 당의 상황은 내 바람과는 정반대로 돌아갔다. 유승민 의원 공천을 둘러싼 갈등이 최악으로 치닫더니 결국 김무성 대표가 공천장에 대표 날인을 거부하고 부산으로 내려가는 사건까지 터졌다. 그 무렵 김 대표는 나에게 면담을 요청하기도 했고 전화 통화도 시도했으나 연결되지 않았다고 한다. 그런데 나는 당시에 김 대표가 면담이나 통화를 요청한다는 보고를 받은 적이 없다. 김 대표가 그랬다는 얘기는 나중에 내가 수감된 이후에 전해 들은 것이다. 그제야 나는 도대체 어떤 영문으로 김 대표와 연결이 안 됐는지 몰라 화가 났지만, 이미 때는 늦은 뒤였다.

2016년 총선을 앞두고 언론에선 선거 판세가 여당에 크게 유리하다는 분석이 많았다. 2015년 말에 새정치민주연합을 탈당한 안철수 의원이 2016년 2월 국민의당을 창당했기 때문이다. 총선 직전에 야당이 쪼개지면서 1여 다야 구도가 되니 여론조사상으론 여당이 유리한 흐름이었다.

하지만 나는 김무성 대표의 날인 거부 사태를 보면서 선거가 쉽지 않겠다는 불길한 예감이 들었다. 과거 경험에 비춰보면 총선에선 종종 전혀 예상치 못했던 민심의 흐름이 분출됐기 때문이다. 그래도 여당이 과반 의석은 장담하지 못해도 최소한 1당을 차지하는 건 가능할 것이라 믿었다.

그러나 선거일인 4월 13일 밤 투표함을 열어보니 그마저도 교만한 생각이었다. 민심은 무서웠다. 새누리당은 122석으로

방송사 출구조사가 발표된 2016년 4월 13일 오후 6시 서울 여의도 새누리당 당사
에서 방송을 지켜보던 당 지도부가 침통한 표정을 짓고 있다.

더불어민주당(새정치민주연합의 후신)에 1석 뒤진 2당에 그쳤다. 국민의당은 38석을 차지하는 돌풍을 일으켜 제3 원내교섭단체를 구성했다. 선거 전문가들은 국민의당이 야당 표를 갉아먹을 것이라고 예상했지만, 오히려 보수표를 잠식해 여당이 큰 타격을 받은 결과였다. 결국 이런 이변은 선거를 앞두고 여권이 보여준 한심한 자중지란에 대한 국민의 준엄한 심판이었고, 궁극적으로 나의 책임으로 귀결될 수밖에 없는 패배였다.

•

유승민 공천 논란, 키울 일 아니었다…
뼈아팠던 총선 패배

20대 총선을 생각하면 뼈아픈 후회가 남는다. 무엇보다 유승민 의원 공천 논란을 그렇게 크게 만들 일이 아니었다. 어찌 보면 지엽적 사안이었지만 그 문제가 다른 총선 이슈를 다 덮어버렸다. 누구를 탓하겠나. 나중에 알고 보니 20대 총선 공천 때 내 이름을 빌려 호가호위하는 일도 꽤 있었던 것 같다. 친박계 인사들이 누구에게 전화를 걸어 "이건 대통령 뜻이니 그

2016년 6월 23일 청와대에서 열린 전군 주요지휘관 격려 오찬 행사에 순국선열
에 대한 묵념을 하고 있다.

지역에 출마하지 말라. 우리가 당신 뒷조사 자료를 갖고 있다"
는 식으로 위협하는 녹취록이 공개된 적도 있다. 나는 그 보도
를 보고 기가 찼다. 누구를 협박하는 식의 정치를 나는 꿈도 꾸
지 않았다. 나도 모르는 사이에 그런 일이 얼마나 벌어졌을까.
그런데도 내가 몰랐다는 게 변명은 될 수 없다.

생각이 다른 사람들이 함께 정치하는 것은 참 힘든 일이다.
우리나라의 보수정당은 진보정당보다 내부의 이념적 스펙트
럼이 훨씬 다양하다. 1990년 3당 합당 때 구 보수진영과 민주
화운동 그룹이 손을 잡으면서 생겨난 구조의 유산이다. 1998년
금배지를 달고 여의도에 입성해 보니 한나라당에도 아버지에
대해 부정적 인식을 가진 사람이 상당히 많다는 걸 알게 됐다.

그런 인사들은 딸인 나에 대해서도 본능적 반감을 품는 듯
했다. 북한 문제나 국가보안법, 전교조 등의 문제를 놓고서도
열린우리당과 비슷한 생각을 하는 사람이 꽤 있었다. 원칙을
지키는 것보다 정치적 타협을 우선시하는 사람도 많았다.
2004년 국가보안법 폐지에 나선 열린우리당(당시 여당)과 대치
하고 있을 때, 한나라당에서 더는 버티기 힘드니 여당과 타협
하자는 의견이 나왔다. 한나라당 대표였던 나는 회의 때 그 말

을 들고 손으로 탁자를 내리치며 "도대체 국가관이 있는 거냐"고 호통을 쳤다. 그 당시에 무리해서라도 국가보안법 폐지를 막았기에 망정이지, 열린우리당이 추진하던 일이 성사됐더라면 지금쯤 나라가 어떻게 됐을지 생각만 해도 아찔하다.

나는 대통령 임기의 대부분을 19대 국회와 함께 보냈다. 19대 국회는 여대야소였지만 국회선진화법이란 거대한 장벽에 가로막혀 의미 있는 법안 처리는 거의 하나도 해내지 못했다. 국회선진화법을 돌파할 수 있는 유일한 열쇠였던 정의화 국회의장은 어느 당 출신인지 모를 정도로 청와대와 거리를 뒀다. 2015년 말 내가 경제활성화법을 좀 처리해 달라고 그렇게 부탁했는데도 정 의장은 요지부동이었다. 정 의장이 끝내 직권상정을 거부해 19대 국회에서 경제활성화법 처리가 무산된 건 지금도 내 마음에 한으로 남아 있다. 나중에 문재인 정부에서 민생법안도 아니고 정략적 법안들을 안면 몰수한 채 직권상정으로 처리하는 것을 보고 문 대통령은 국회의장 걱정은 안 해도 되니 속이 편하겠다 싶었다.

대통령은 취임 직후부터 남은 임기에 쫓긴다. 나는 내가 임기 중에 해결해야 할 주요 국정 과제를 언제나 머릿속에 심고 일했다. 20대 총선 결과가 좋았다면 추진할 수 있는 일이 많았다. 그러나 2016년 4월 14일 새벽에 최종 선거 결과를 접하고 나는 관저에서 깊은 침묵에 빠졌다. 남은 일들을 임기 후반부에 잘 마무리하고 싶었는데 이젠 그건 어렵겠다는 어두운 상념이 몰려왔다. 지금 생각하면 2016년엔 정말 모든 일이 안 되는 쪽으로만 흘러갔다.

일러두기

2016년 총선 결과

2016년 4월 13일 치러진 제20대 총선에서 제1 야당인 더불어민주당은 123석을 얻어 1당을 차지했다. 여당인 새누리당은 1석 뒤진 122석이었다. 국민의당은 38석, 정의당이 6석이었고 무소속은 11석이었다. 선거 이튿날인 4월 14일 김무성 새누리당 대표는 선거 참패의 책임을 지고 사퇴했다. 여소야대 정국이 되면서 2016년 6월 19일 20대 국회 전반기 국회의장에 1당인 민주당의 정세균 의원이 선출됐다.

조선일보와
우병우

2016년 7월 18일 아침 조선일보 1면에 충격적인 기사가 실렸다. 진경준 검사장이 2011년 우병우 민정수석 처가의 부동산이 넥슨에 매각되는 과정에 도움을 줬는데, 그 대가로 우 수석이 진 검사장의 2015년 검사장 승진 때 넥슨 주식 보유를 눈감아준 의혹이 있다는 내용이었다. 그 전날 진 검사장이 넥슨 측으로부터 금품을 받은 혐의로 구속된 상태였기 때문에 보도의 파장이 매우 클 수밖에 없었다.

깜짝 놀란 나는 우 수석에게 전화를 걸어 이게 어떻게 된 일이냐고 물었다. 우 수석은 보도가 전혀 사실이 아니라며 펄쩍 뛰었다. 나는 우 수석의 해명을 믿는 쪽이었다. 나도 예전부터 오보에 워낙 많이 시달려 봤기 때문에 언론 보도에 대해 피해의식이 적잖았다. 심지어 대통령 취임 이후에도 세월호 참사 당일 내가 누구와 밀회를 하고 있었다는 루머가 신문 칼럼에 실렸고 그게 외신에 인용 보도까지 돼 기가 막힌 적도 있다. 대통령도 그럴진대 다른 사람들이야 오죽하겠나 싶었다. 정확한 대화는 기억나진 않지만 당시 나는 우 수석에게 사실관계를 정확히 해명해서 오해를 풀라고 지시했던 것 같다.

하지만 예상과 달리 사건은 가라앉지 않고 계속 파장이 커졌다. 언론에선 우 수석 주변의 여러 가지 추가 의혹을 제기했고, 우 수석은 거기에 대해 법적 대응에 나섰다. 여기에다 이석수 특별감찰관이 우 수석 의혹에 대해 감찰에 착수하면서 논란이 더 커졌다. 우 수석은 이 감찰관의 감찰 내용 누설 의혹을 제기했고, 다른 한쪽에선 우 수석이 측근인 국정원 A 국장을 통해 이 감찰관의 동향을 파악했다는 새 논란이 불거졌다. 결국 검찰이 우 수석과 이 감찰관 양쪽을 모두 수사하는 지경에 이르렀는데 이 감찰관은 결국 8월 말 사표를 제출했다.

그 무렵 야당은 물론이고 여권에서도 우 수석의 거취를 정리하는 게 좋지 않겠냐는 의견이 제시됐던 게 사실이다. 청와대 참모들 중에서도 우 수석 사퇴론에 동조하는 경우가 있었다. 조선일보를 위시해 상당수 언론 매체들도 우 수석에게 화살을 퍼부었다. 그러나 당시 나는 확인도 안 된 루머 때문에 참모를 자르는 건 안 된다고 믿었다.

그 와중에 여권과 조선일보의 갈등은 더욱더 깊어져서 새누리당 김진태 의원의 접대 폭로로 조선일보 주필이 사직하는 일까지 터졌다.

나중에 알게 된 이야기인데 2015년에 당시 조선일보의 고위 간부가 청와대 안종범 당시 경제수석에게 경제계 B 인사의 사면과 검찰 수사 중인 C 회장에 대해 선처를 부탁했다고 한다. 이를 들은 안 수석이 우 수석에게 그 내용을 전달했는데, 우 수석이 이를 전해 듣고 자신이 할 수 있는 것이 아니라고 생각했는지, 부탁을 들어주지 않았다고 한다. 물론 우 수석이 내게 이런 내용을 보고한 사실도 없었다.

돌이켜 보면 우 수석이 이런 내용을 혼자 판단하지 말고, 내게 보고를 했다면 어땠을까 하는 아쉬움이 있다. 사면은 대통령 고유 권한이기 때문에 그 적절성의 판단도 대통령의 몫이지 참모가 결정하는 것은 아니기 때문이다.

항간엔 조선일보 최고위층의 부탁을 해당 간부가 전달한 것인데, 우 수석이 이를 거절해서 조선일보가 우 수석에 대한 기사를 의도적으로 보도했다는 말들이 떠돌아다녔다고 한다. 훗날 내가 직접 확인해보니 조선일보 최고위층은 그런 부탁이 있었는지 자체를 알지 못했다고 한다. 작은 오해와 거짓들이 모여 큰 소용돌이를 만들었다고 본다.

나는 이런 비하인드 스토리를 전혀 모르고 있다가 나중에 한 참모가 '언론계에 나도는 얘기'라며 전해줬던 기억이 난다. 우 수석은 최서원 씨 문제로 청와대 참모진이 일괄 사표를 냈던 그해 10월 말에 청와대를 떠났다. 이후 우 수석은 관련 검찰 수사를 받으면서 세 번이나 영장이 청구된 끝에 2017년 12월에 결국 구속됐고, 대법원에서 불법사찰 혐의로 징역 1년의 확정 판결을 받았다. 하지만 애초에 언론에서 문제를 삼았던 처가 부동산 거래 등 개인 비리 문제는 결국 아무것도 사실로 판명난 게 없다고 들었다.

돌이켜 보면 우 수석을 지키기 위해 정권이 큰 출혈을 겪었다고 생각한다. 당시 국회는 여소야대 구조에서 야당의 공세가 본격화되고 있었고, 여권 내부의 응집력도 약화되던 시점이었다. 대외관계에서도 사드 문제, 위안부 피해자 지원 재단 출범 등 난제들이 산적한 상황이었다. 국정 동력을 고민하던 청와대 입장에선 언론의 도움이 절실했는데, 우 수석 문제로 오히려 언론과의 거리가 더욱 멀어지게 됐다.

우 수석이야 억울하겠지만 민정수석이 워낙 민감한 자리이니 일단 그 자리에서 물러난 뒤 민간인 신분에서 결백을 입증했으면 어땠을까. 그랬어도 다음에 국가에 봉사할 수 있는 기회를 얼마든지 찾을 수 있었을 것이다. 물론 당시엔 나도 그런 생각을 하지 못했다.

2장

외교안보

개성공단
폐쇄

나의 인생은 북한과 떼려야 뗄 수 없는 관계다. 내가 만 16세 때 북한은 아버지를 시해하려고 특수부대를 청와대 부근까지 내려보냈고, 그로부터 6년 뒤 어머니는 북한의 사주를 받은 암살범의 흉탄에 돌아가셨다. 1970년대까지만 해도 북한의 군사력이 우리보다 강했기 때문에 아버지가 북한의 위협에 맞서 안보를 지키기 위해 고심하시던 기억도 생생하다.

개인적으로 큰 고통을 준 북한이지만 나는 정치를 시작했을 때부터 남북관계가 언제까지나 과거의 대결과 충돌에만 머물러선 안 된다고 생각했다. 2002년 5월 방북해 김정일 국방위원장을 만난 것도 그런 이유에서였다.

사실 아버지도 강력한 반공 정책을 폈지만, 북한과 평화 공존의 계기를 만들기 위한 노력도 많이 하셨다. 평화통일 원칙에 합의한 1972년 7·4 남북공동성명이나, 남북한 동시 유엔 가입을 제안했던 1973년 6·23선언이 그런 노력의 일환이었다. 지금은 전문가들밖에 모르겠지만, 어머니가 돌아가셨던 1974년 8월 15일에도 아버지는 경축사에서 '남북 상호 불가침 협정' 체결과 '남북 자유총선거에 의한 통일' 같은 획기적 대북 제안을 발표하셨다.

나의 공식적인 대북 구상은 2009년 5월 미국 스탠퍼드대 연설을 통해 처음으로 윤곽을 선보였다. 나는 당시 연설에서 '북한의 위기 조성 → 협상과 보상 → 또다시 위기 재발 → 협상과 보상'이란 악순환을 끊기 위해 기존의 틀을 넘는 포괄적인 구상, 즉 남북한과 미·중·러·일이 참여하는 동북아 평화협력체를 만들자고 제안했다.

이어 18대 대선을 1년여 앞두고 2011년 8월 미국의 외교 전문지 '포린 어페어스(Foreign Affairs)'에 '새로운 한반도를 위하여'(A New Kind of Korea: Building Trust Between Seoul and Pyongyang)라는 제목의 기고문을 싣고 "남북한이 서로에 기대하는 바를 이행하게 만드는 '신뢰외교(Trustpolitik)'가 필요하다"고 말했다. 나는 "한국은 북한의 도발에 단호하게 대응해야 한다. 그러나 동시에 남북관계 개선을 위한 새로운 가능성 또한 열어놓아야 한다"며 '균형정책(Alignment Policy)'을 제시했다. 단호한 입장이 요구될 때는 더욱 강경하게 대응하고 협상을 추진할 때는 매우 개방적으로 나서자는 게 균형정책의 요지였다.

이렇게 진전한 나의 대북 구상은 대선 후보 시절 발표한 '한반도 신뢰 프로세스'로 집결됐다. 나는 2012년 11월 8일 '서울외신기자클럽' 기자회견에서 "'한반도 신뢰 프로세스'를 가동하고자 한다"며 "북한의 도발에 대해선 자위권의 범위 내에서 모든 가능한 수단을 강구하되 북한에 대한 인도적 지원을 계속하고 경제·사회 문화 교류를 호혜적으로 업그레이드하겠다"는 계획을 밝혔다. '한반도 신뢰 프로세스'는 유동적인 상황에서도 북극성처럼 변함없이 바라볼 수 있는 대원칙으로 마련한 것이었다. 북한의 도발은 어떤 경우에도 단호히 대처·응징하지만, 북한이 대화로 나온다면 인도적 지원과 경제 교류를 확대하면서 신뢰를 쌓겠다는 구상이었다.

대선 캠프의 외교·안보 공약 자문팀에 있던 윤병세(이후 외교부 장관), 한기범(이후 국정원 1차장), 백승주(이후 국방부 차관) 같은 분과 오랜 토론 끝에 마련한 내용이었다. 또한 김장수 전 국방부 장관, 남재준 전 육군참모총장도 대선 캠프에서 각자 팀을 꾸려 안보 분야와 대북 정책에서 깊이 있는 조언을 하면서 '한반도 신뢰 프로세스 구상'에 힘을 보탰다.

●

北 3차 핵실험 뒤 MB 만나
"정파 떠나 합심하자"

하지만 북한의 도발 수위는 점점 높아졌다. 18대 대선 직전인 2012년 12월 12일 북한은 평안북도 동창리 기지에서 장거리 로켓 은하 3호를 발사해 소형 위성을 궤도에 올리는 데 성공했다. 이는 북한이 사거리 1만km 이상의 대륙간탄도미사일(ICBM) 기술을 보유하게 됐다는 의미였다. 나는 당시 대선 유세에서 은하 3호 발사에 대해 "대한민국뿐 아니라 세계에 대한 도발이며 국제사회 결의에 대한 정면 도전"이라고 강력히 비판했다.

북한은 거기서 멈추지 않았다. 대통령 당선인 시절인 2013년 2월 12일 오전 11시 57분에 함경북도 길주군 풍계리에서 3차 핵실험까지 감행한 것이다. 나는 김장수 국가안보실장 내정자로부터 관련 현안 보고를 받은 뒤 청와대로 들어가 이명박 대통령을 만났다. 나는 이 대통령에게 "북한이 정권 교체기에 도발을 한 것은, 이런 시기에 우리 정부와 국민을 불안하게 하고 혼란에 빠뜨리려는 게 아니냐"며 "이럴 때 정파를 떠나 합심해서 일사불란하게 대처해서 조그만 틈도 나선 안 된다"고 말했다. 나는 다음 날 대통령직인수위 외교국방통일분과 토론회에 참석해 "구소련이 핵무기가 없어서 무너진 게 아님을 알아야 한다"고 북한에 경고했다.

당시 일각에선 '한반도 신뢰 프로세스'가 시작도 하기 전에 좌초하는 것 아니냐는 우려도 나왔다. 하지만 그건 '한반도 신뢰 프로세스'가 대북 유화 노선에 가까운 것이라고 오해를 했기 때문이다. 나는 어떤 경우에도 북한의 핵무장을 용인할 수

2012년 12월 12일 북한 평안북도 동창리 미사일 시험장에서 장거리 로켓 은하 3호가 발사되고 있다. 김정은 국무위원장은 2018년 9월 평양공동선언에서 비핵화 선제조치로 이곳을 영구 폐쇄하겠다고 밝혔다.

있다는 생각을 단 한 번도 해 본 적이 없다. 북한의 도발은 결연히 응징하는 게 신뢰 프로세스의 한 축이었다.

나는 그해 2월 25일 대통령 취임사에서도 "확실한 억지력을 바탕으로 남북 간에 신뢰를 쌓기 위해 한 걸음 한 걸음 나아가겠다. 북한이 국제사회의 규범을 준수하고 올바른 선택을 해서 한반도 신뢰 프로세스가 진전될 수 있기를 바란다"고 밝혔다.

하지만 북한 정권은 내가 대통령에 취임한 이후 지속해서 긴장의 강도를 높였다. 아마 한국의 새 정부가 자신들의 도발에 어느 정도의 강도로 대응할지 테스트를 해보려는 듯했다. 3월 5일 북한은 천안함 폭침 도발 등 대남공작의 총책임자인 김영철 군 정찰총국장을 조선중앙TV에 출연시켜 정전협정 백지화를 선언했다. 유엔 등 국제사회의 대북제재 움직임과 한·미 합동 군사훈련에 반발한 것이다. 그다음 날 북한 노동신문은 1면 기사에서 "최고사령관(김정은) 동지께서 최종 수표(서명)한 작전계획에 따라 전면대결전에 진입한 상태"라며 "미제가 핵무기를 휘두르면 우리는 정밀 핵 타격 수단으로 서울만이 아니라 워싱턴까지 불바다로 만들 것"이라고 협박했다.

나는 3월 11~21일 진행된 키 리졸브 훈련을 앞두고 매일 늦은 밤까지 관저에서 직통전화로 참모들로부터 북한 동향 보고를 받았다. 김장수 국가안보실장은 아예 청와대에서 숙식했다. 주철기 외교안보수석 등 관련 참모들도 24시간 비상대기였다.

북한은 3월 26일 최고사령부 성명을 통해 전략 미사일부대와 모든 야전 포병군을 "1호 전투근무태세에 진입시킨다"고 발표하면서 긴장을 계속 고조시켰다. 그다음 날은 유일한 남북 소통 채널이었던 군사 당국 간 통신선까지 끊었다.

하지만 나는 북한의 위협에 대해 한 치의 물러섬도 있을 수 없다고 생각했다. 4월 1일 용산 국방부 청사에 열린 국방부 업무보고 자리에서 나는 "우리 국민과 대한민국에 대해 어떤 도발이 발생한다면 일절 다른 정치적 고려를 하지 말고 초전에 강력히 대응해야 할 것"이라고 강조했다.

결국 북한은 남북관계의 마지막 끈인 개성공단까지 끊겠다고 나왔다. 4월 8일 북한은 김양건 노동당 비서의 담화를 통해 개성공단에서 일하던 북측 인력들을 전부 철수시킨다고 발표했다. 북한은 이미 4월 3일부터 남측 인원의 공단 진입을 막고 있던 차였다. 나는 4월 11일 북한에 당국 간 대화를 제의했지만, 3일 뒤 북한은 조국평화통일위원회를 통해 "대화 제의는 빈껍데기"라며 거부했다. 북한은 공단에 잔류하고 있는 우리 근로자들에게 식량·의약품을 전달하는 것까지 비인도적으로 가로막았다. 공단에 남아있는 근로자들의 건강과 안전을 걱정하지 않을 수 없었다.

이런 식으로 북한에 끌려다닐 순 없다고 판단했다. 나는 참모들과 상의한 뒤 통일부에 대북 통첩을 보내라고 지시했다. 4월 25일 오전 통일부는 대변인 회견을 통해 남북 당국 간 실무회담 개최를 제의하고 그것도 거부한다면 우리도 중대한 조처를 하겠다고 발표했다. 북한이 응하지 않으면 우리도 개성공단 인력을 모두 철수시킬 계획이었다. 답변 시한도 아예 26일 오전으로 못 박았다. 예상대로 북한은 다음 날 회담을 거부한다고 나왔고, 나는 그렇다면 계획대로 인력 철수를 시작하라고 통일부에 지시했다.

"북 위협에 보상하는 식으론
북핵 해결 못한다"

27일 체류 인원 126명이 무사히 귀환했고 30일에 43명이 추가로 귀환했다. 그런데 북한이 갑자기 임금 미지급분 해결을 요구하면서 7명이 계속 잔류하는 상황이 벌어졌다. 나는 이 7명이 자칫 북한에 장기억류되는 일이 없도록 돈 문제는 빨리 털어버리라고 류길재 통일부 장관에게 지시했다. 결국 마지막 7명도 5월 3일 돌아오면서 개성공단 철수가 완료됐다. 나는 그날 마지막 한 명까지 무사하게 귀환했다는 보고가 올 때까지 청와대에서 초조하게 기다렸던 기억이 생생하다.

아마 김정은 정권은 공단 폐쇄 협박을 하면 한국 정부가 군사훈련 축소·연기와 같은 유화적 조치를 보여줄 것으로 기대했을지 모르겠다. 실제로 우리 정부에서도 북한의 협박에 어떻게 대처할지를 놓고 회의를 할 때 너무 북한을 자극하지 말자는 의견을 제시한 사람도 있었다. 그러나 나는 취임 전부터 북한의 위협에 자꾸 보상을 주는 방식으론 절대로 북핵 문제

2013년 4월 27일 오후 개성공단에서 철수하는 차량들이 도라산 남북 출입사무소 입구에서 입경 순서를 기다리고 있다.

를 풀 수 없다고 생각했다. 북한이 아무리 협박을 해봐야 얻을 게 없다는 사실을 깨닫도록 하는 게 '한반도 신뢰 프로세스'의 출발점이었다. 대신 북한이 조그만 조치라도 약속을 꾸준히 지키면 우리도 그에 상응하는 교류를 하면서 상호 신뢰의 틀을 만들어나가야 했다. 서로 아무런 신뢰가 없는데 갑자기 북한과 정치적, 군사적 협상을 벌인다는 건 나중에 틀림없이 휴지 조각이 될 합의문을 만드는 것에 불과했다. 어려운 때일수록 원칙을 지켜야 한다고 생각했다.

사실 나는 개성공단 자체에 대해서도 늘 일말의 불안감이 있었다. 우리가 연간 1억 달러를 북한에 주는 것인데 그 돈의 상당액이 김정은의 통치자금을 관리하는 노동당 39호실로 들어가는 구조였다. 과연 그래도 괜찮은 건지 걱정스러웠다. 그 돈이 핵 개발에 쓰일 수도 있었다. 임금을 한화로 지급하는 구조였다면 군사비 전용 걱정을 안 해도 되고, 한국 경제에도 보탬이 됐을 텐데 이미 공단 출범 때부터 결정된 방식이라 손을 쓸 수가 없었다. 게다가 남북 간에 충돌사태가 악화하면 개성공단의 우리 인력 수백 명이 고스란히 북한의 인질이 될 가능성을 배제하기 어려웠다. 대통령으로서 그런 악몽 같은 일은 벌어지지 않도록 선제조치를 취할 수밖에 없었다.

한동안 침묵하던 북한은 6월 6일 갑자기 조국평화통일위원회(조평통)를 통해 "6·15를 계기로 개성공업지구 정상화와 금강산 관광 재개를 위한 북남 당국 사이의 회담을 할 것을 제의한다"는 특별담화문을 발표했다. 조평통은 "필요하다면 흩어진 가족·친척 상봉을 비롯한 인도주의 문제도 협의할 수 있을 것"이라고 했다. 북한이 그런 제의를 할 것이란 사전정보는 전혀 없던 상태였다. 나는 그날 보훈병원 방문행사를 마치고 청와대로 돌아와 관련 내용을 보고받았다. 나는 그동안 우리 정부가 일관된 원칙적 자세를 견지한 게 결국 북한을 움직인 것이라고 판단했다. 또 당시 미국 오바마 대통령이 한반도 신뢰 프로세스에 전폭적인 지지를 보냈고, 한·중 정상회담(6월 27일)을 앞둔 중국이 한반도 긴장 고조를 원치 않았던 점도 북한이 대화 재개에 나서도록 압박하는 효과가 있었을 것이다.

하지만 북한과의 대화 재개는 순탄치 않았다. 북한이 우리 측 수석대표(당시 김남식 통일부 차관)의 지위를 트집 잡아 6월 12일 서울에서 열기로 했던 남북 당국 회담을 무산시킨 것이다. 북한은 강지영 조평통 서기국장을 수석대표로 내세우면서 한국에선 통일부 장관이 수석대표로 나오라고 요구했다. 하지만 조평통 서기국장이면 우리로 치면 잘해봐야 차관급이다. 북한에서 김양건 노동당 통전부장이 나오면 몰라도 조평통 서기국장이 나온다면 우리로선 통일부 차관이 나가는 게 맞다고 판단했다.

과거 김대중·노무현 정부 시절에 북한이 차관급인 '내각 책임참사'를 단장으로 보냈는데, 우리가 장관급으로 인정해주고 장관급 회담을 진행한 적이 있다. 나는 그런 잘못된 관행은 꼭 바로잡아야 한다고 생각했다. 어떤 경우엔 형식이 내용을 지배할 수 있기 때문이다. 나는 통일부에 직접 "정확히 수석대표의 격을 맞추라"고 지시했다. 우리가 물러서지 않으니 북한은 또다시 끌려다닐 수 없다는 식으로 판을 깨버렸다.

내가 베이징에서 중국 시진핑 주석과 첫 정상회담을 한 이후 7월 3일 북한에서 새로운 반응이 나왔다. 개성공단 기업인들에게 장마철 대책 마련을 위한 접근을 허용해주겠다는 것이었다. 다음 날 우리는 일단 당국 간 실무회담부터 열자고 역제의했다. 북한이 일방적으로 공단 가동을 중단시킨 것에 대한 분명한 재발 방지 대책 없이 슬그머니 공단을 재가동하려는 건 용납할 수 없었다. 나는 통일부에 "이번 기회에 개성공단이 국제적 규범에 맞게 운영될 수 있도록 확실한 대책을 세우라"고 지시했다.

우여곡절 끝에 남북 실무회담이 시작됐다. 하지만 북한은 인력 안전과 기업자산 보호 대책부터 세우라는 우리 요구는 무시한 채 계속 공단을 일단 가동부터 하고 대책은 추후 논의하자는 식으로 버텼다. 급기야 7월 25일 개성공단에서 열린 6차 회담 때는 북측 관계자들이 프레스센터에 난입해 "공업지구가 파탄 나면 개성에 다시 우리 군대가 들어오게 된다"며 협박성 발언을 하는 일까지 벌어졌다. 나는 이런 식이라면 북한과 더 이상의 대화는 무의미하다고 봤다. 7월 28일 류길재 장관이 대북성명을 통해 "북한이 재발 방지에 대한 명확한 답을 해주길 바란다. 그렇지 않다면 정부는 부득이 중대한 결단을 내릴 수밖에 없다"고 최후통첩을 날렸다.

북한은 별다른 반응이 없었다. 이에 8월 7일 공단 입주기업들에 대한 경협 보험금을 지급하겠다고 발표했다. 공단 폐쇄의 실무절차에 돌입하겠단 의미였다. 그러자 1시간 만에 북한은 7차 실무회담을 제의해 왔다. 북한이 우리 조치에 즉각 반응한 것으로 봐선 미리 준비하고 있었던 것 같다. 끝까지 우리의 의지를 시험해 본 셈이다.

8월 14일 최종 7차 회담에서 개성공단 정상화에 합의했다. 남북은 어떤 경우에도 정상운영 보장, 신변안전 보장, 기업자산 보호, 국제수준의 기업활동조건 보장, 남북공동위 구성해 합의 이행, 설비 정비 및 재가동 위해 노력이라는 5개 항의 합의서를 채택했다. 4월 8일 북한이 일방적으로 근로자들을 철수한 지 129일 만이었다. 우리로선 100% 만족할 성과였다곤 할 수 없지만, 과거 북한의 행태와 비교하면 북한으로부터 상당한 양보를 얻어낸 것은 틀림없었다.

나는 이런 흐름을 잘 이어가야 한다고 생각했다. 나는 다음 날 8·15 경축사에서 "개성공단 합의를 계기로 과거 남북관계의 잘못된 관행을 바로잡고 상생의 새로운 남북관계가 시작되기를 바란다"며 "이번 추석을 전후로 남북한의 이산가족들이 상봉할 수 있도록 북한에서 마음의 문을 열어주길 바란다"고 밝혔다. 비무장지대(DMZ)에 세계평화공원을 조성하는 방안도 제안했다. 개성공단 합의 뒤 긴급히 삽입한 내용이었다.

북한은 3일 뒤 조평통 담화를 통해 이산가족 상봉 제안을 수용했다. 그러면서 금강산 관광 재개를 위한 실무회담도 요구했다. 이산가족 상봉과 금강산 관광을 연계하겠다는 의도로 보였다. 하지만 금강산 관광은 2008년 박왕자 씨 피격 사망 사건 이후 중단된 상태였고, 북한이 사망 사건에 대해 책임 인정도 않고, 재발 방지 신변안전 요구에도 응하지 않았다. 섣불리 관광 재개를 논할 수 있는 상황이 아니었다.

그래서 일단 이산가족 상봉 일정을 먼저 진행하되, 금강산 관광 협의는 한 달 뒤에 열자고 역제안했다. 이산가족과 금강산 관광을 별도 사안으로 다루자는 것이다. 이번에도 자기들 뜻대로 되지 않자 북한의 심사가 뒤틀린 모양이었다.

●

이산가족 상봉 일방적 연기…
천륜 거스른 北

순조롭게 나가는 것 같았던 금강산 이산가족 상봉(9월 25~30일)은 북한이 상봉 4일 전인 9월 21일 갑자기 일정 연기 통보를 해 좌절되고 말았다. 북한의 행태는 천륜을 거스르는 것이었다. 60년 동안 그리던 혈육을 만날 기회가 물거품이 된 이산가족들은 마음이 찢어지는 듯했을 것이다.

북한 조평통은 상봉 행사 연기 이유로 "남조선 보수 패당의 악랄한 대결소동"을 들면서 "최근 남북 관계 개선 움직임이 남한 정부의 '원칙론'이 성과를 거둔 것으로 떠들어대고 있다"고 주장했다. 이는 "북한의 '성의 있는 노력의 결과'임을 무시한 '파렴치한 날강도 행위'"라고도 했다. 게다가 당시 벌어지고 있던 이석기 통합진보당 의원에 대한 수사까지 거론하면서 "'진보 민주인사들을 탄압하는 마녀사냥'으로 규정하고 이런 '살벌한 분위기 속에서' 대화와 관계 발전을 기대할 수 없다"고 말했다. 정말 터무니없는 소리였다.

게다가 9월 16일부터 개성공단이 재가동에 들어간 시점이었다. 챙길 건 챙겼으니 다시 문을 걸어 잠그겠다는 북한의 속내가 뻔했다. 역시 북한과의 대화는 예측하기가 쉽지 않다는 점을 새삼 깨달았다. 한국에선 국가 운영의 보편적 기준으로 제시되는 인도주의가 북한 정권엔 '달러벌이'의 도구에 불과한 것이었다. 여생이 얼마 남지 않은 고령의 이산가족들에겐 이번이 가족 상봉의 마지막 기회였을 것으로 생각하니 나도 모르게 저절로 한숨이 나왔다.

북핵 실험

북한의 첫 핵실험은 노무현 정부 시절인 2006년 10월 9일 함경북도 길주군 풍계리에서 실시됐다. 당시 진도 3.9의 지진파가 감지됐고, 폭발 위력은 1㎏(킬로톤·1kt은 TNT 1000t 위력) 이하였다. 북한은 이명박 정부 시절인 2009년 5월 25일 2차 핵실험을 감행했다. 폭발 위력은 3~4kt으로 1차 핵실험에 비해 위협이 커졌다. 북한은 박근혜 정부 출범을 13일 앞둔 2013년 2월 12일에도 3차 핵실험을 실시해 남북 관계가 급격히 경색됐다. 3차 핵실험의 폭발 위력은 6~7kt으로 추정됐다.

1~3차 핵실험이 북한의 사전 예고 이후 진행된 것과 달리 2016년 1월 6일 4차 핵실험은 예고 없이 기습적으로 이뤄졌다. 당시 북한은 플루토늄 등을 이용한 이전 핵실험보다 위력이 더 큰 수소폭탄 실험에 성공했다고 주장했지만, 국가정보원은 "6kt인 폭발 위력을 볼 때 수소폭탄일 가능성은 적다"고 밝혔다. 5차 핵실험은 약 8개월 만인 2016년 9월 9일 진행됐고, 6차 핵실험은 2017년 9월 3일 실시됐다. 폭발 위력이 8~12㎏ 정도로 추정됐던 5차 핵실험보다 6차 핵실험은 약 10배 강한 것으로 평가됐으며, 북한은 "대륙간탄도로켓 장착용 수소탄 시험을 성공적으로 단행했다"고 발표했다.

"뭔 결렬"이냐며
팔을 붙잡은 김양건

2014년 1월 1일 김정은 북한 국방위 제1위원장(당시)은 신년사에서 "북남 사이 관계 개선을 위한 분위기를 마련해야 한다"며 "남조선 당국은 자주와 민주, 조국 통일을 요구하는 겨레의 목소리에 귀를 기울이고 북남 관계 개선으로 나와야 한다"고 말했다. 불과 그 전달만 해도 보수단체의 북한 규탄 시위를 문제 삼아 북한이 국방위원회 명의로 전화통지문을 보내 "예고 없이 남한을 타격하겠다"고 협박한 것과는 사뭇 달라진 기류였다.

나는 지난해 취소됐던 이산가족 상봉을 다시 제안해보기로 했다. 인도주의적 교류는 남북 관계를 풀어나갈 수 있는 첫 단추다. 나는 1월 6일 신년 기자회견에서 "북한이 이산가족 상봉으로 첫 단추를 잘 풀어서 남북 관계에 새로운 계기를 만들었으면 한다"고 밝힌 뒤 곧바로 북측에 전통문을 보냈다. 나는 당시 기자들과의 문답에서 "국민 중 '통일비용이 너무 많이 들지 않겠는가, 굳이 통일할 필요가 있겠느냐'고 생각하는 분들도 계시지만 한마디로 통일은 대박"이라고 말했다.

그 이후 '통일은 대박'이란 표현이 시중에 화제가 됐던 모양이다. 그런데 나중에 표현의 출처를 놓고 이런저런 낭설이 떠돌았다고 들었다. 사실은 2012년 신창민 중앙대 명예교수가 쓴 책의 제목이 '통일은 대박'이었다. 대통령 취임 후에 그 책을 볼 기회가 있었는데 통일이 됐을 경우 남북 주민이 갖게 될 여러 가지 편익들이 잘 정리돼 있었다. '통일은 대박'이란 표현이 워낙 압축적으로 통일의 당위성을 설명한 것이어서 회견 때 인용한 것이다.

북한은 2013년과 달리 이산가족 상봉에 협조적으로 나왔다. 한때 '키 리졸브' 한·미 합동 군사훈련을 구실로 북한이 이산가족 상봉을 재고하겠다고 으름장을 놓기도 했다. 그러나 우리가 어떤 경우에도 안보는 절대로 타협하지 않는다는 걸 못 박자 북한도 더는 억지를 부리지 못했다.

이산가족 상봉은 2월 20~25일 금강산 면회소에서 2박 3일씩 두 차례에 나눠 진행됐다. 2010년 10월 18차 이산가족 상봉 이후 3년 4개월 만이었다. 1차로 남측 이산가족 상봉 신청자 82명이 금강산에서 북한 가족 178명과 만났다. 2차에선 북측 신청자 88명이 남측 가족 372명과 만났다. 60년을 기다렸지만 정을 나눌 수 있는 시간은 11시간에 불과했다. 그리고 또다시 기약 없는 이별을 했다. 2013년 9월 상봉이 무산되면서 그사이 남북에서 각각 두 명과 세 명이 세상을 떠났다. 이런 비극을 언제까지 되풀이할 순 없다고 생각했다.

나는 독일을 국빈방문했던 2014년 3월 28일 드레스덴 공대에서 명예법학박사 학위를 받은 후 '한반도 평화통일을 위한 구상'이란 제목의 연설에서 '드레스덴 구상'을 발표했다. 이산가족 상봉의 정례화와 대북 인도적 지원 확대, 남북 공동 번영을 위한 민생 인프라 구축, 남북 주민 간 동질성 회복 등이 골자였다. 드레스덴은 옛 동독에서도 가장 낙후된 지역이었으나

2014년 3월 28일 독일 드레스덴 공대에서 명예법학박사 학위를 받았다. 뮬러슈타인 하겐 총장과 행사장으로 입장했다.

통일 이후 정보기술 산업의 집결지로 환골탈태한 곳이다. 한반도 통일 구상을 발표하기엔 최적지였다.

나는 "북한이 핵을 버리는 결단을 한다면 북한에 필요한 국제 금융기구 가입 및 국제 투자 유치를 우리가 나서 적극 지원하겠다"고 말했다. 또 비무장지대(DMZ)에 남북한과 유엔이 함께 세계평화공원을 조성하고, 정치적 목적의 사업보다 순수 민간 접촉이 꾸준히 확대될 수 있는 역사 연구와 보전, 문화예술·스포츠 교류 등을 장려할 것을 제안했다.

나는 연설 말미에 독일어로 "Wir sind ein Volk(우리는 한민족입니다)"라고 한 뒤 "통일 직후 동·서독 주민들이 하나 되어 부른 뜨거운 외침이 평화통일의 날, 한반도에서도 꼭 울려 퍼질 것이라고 믿습니다"라고 말했다. 'Wir sind ein Volk'는 베를린 장벽 붕괴 당시 독일 국민이 벅찬 감정으로 하나가 돼 외치던 구호였다. 과거의 감회가 떠올랐는지 참석한 독일 청중으로부터 뜨거운 기립박수가 나왔다.

그해 4월 미국 오바마 대통령과의 정상회담, 7월 중국 시진핑 주석과의 회담에서 두 정상은 모두 드레스덴 선언에 대한 지지 입장을 표명했다. 동시에 미·중 정상 모두 북한의 핵개

발에 반대하는 입장을 피력했다. 이런 국제적 여건들이 북한
엔 압력으로 작용했을 것이다. 북한은 그 와중에도 계속 미사
일을 발사하고 서해 NLL 남측 해상으로 포를 쏘는 등 군사 도
발을 계속했지만 결정적 선은 넘지 않았다.

•

아시안게임 폐막식에
'북한 3인방' 전격 참석

북한은 5월 23일 인천에서 열리는 아시안게임(9월 19일~10
월 4일)에 선수단을 보낸다고 발표했다. 한쪽에선 도발을 하면
서 한쪽에선 화해 제스처를 보이는 전형적인 화전 양면전술의
성격이 강했다. 그러나 우리로선 어쨌든 북한과 교류가 확대
되는 건 반길 일이었다. 북한 응원단 파견 문제 등으로 한때 실
무접촉이 난항을 겪기도 했지만, 북한의 아시안게임 참가는
대체로 큰 탈 없이 잘 진행됐다.

특히 10월 4일 아시안게임 폐막식에 북한이 권력서열 2위
인 황병서 인민군 총정치국장과 최용해·김양건 노동당 비서

2014년 10월 4일 인천 송도 오크우드호텔에서 인천 아시안게임 폐막식 참석을 위해 방한한 북한 황병서(맨 왼쪽) 총정치국장과 최용해(왼쪽 셋째) 노동당 비서, 김양건 통일전선부장(맨 오른쪽).

등 이른바 실세 3인방을 전격적으로 참석시킨 건 뜻밖이었다. 북한은 폐막식 하루 전에 갑자기 이들을 인천에 보내겠다고 통보했는데 우리로선 전혀 예상하지 못한 일이었다.

북한이 최고위급을 보낸 만큼 우리도 정홍원 국무총리, 류길재 통일부 장관, 김관진 국가안보실장 등이 나서 손님맞이를 하도록 했다. 당시 류 장관과 김 실장 등은 인천의 한 식당에서 북한 대표단과 점심식사를 했는데 분위기가 아주 좋았다고 들었다. 나는 이들이 대통령 면담 요청을 해온다면 만날 의사가 있었다.

그러나 김관진 실장이 청와대 예방 의사를 타진했더니 김양건 비서가 "오늘 저녁에 돌아가야 해서 어렵다"며 고사했다고 보고받았다. 특별히 준비한 김정은 위원장의 메시지도 없었다. 다만 황병서 총정치국장이 우리 측 인사들에게 "김정은 위원장이 박근혜 대통령에게 따뜻한 인사를 전한다"고 말한 정도였다.

당시 북한에서 최고위급이 3명이나 당일치기로 방한한 것은 잘 안 풀리는 남북 관계에서 뭔가 돌파구를 마련해보자는 메시지였을 것이다. 북한이 원하는 건 5·24조치 해제와 금강산 관광 재개였다. 개성공단 재가동에 이어 달러의 수입원을 늘려달라는 것이었다. 그때 야당은 물론이고 여당 일부에서도 대북 제재 해제를 검토하자는 목소리가 나왔던 것으로 기억한다.

나는 10월 13일 통일준비위원회 제2차 전체회의에서 "지금 핫 이슈인 5·24 문제 등도 남북한 당국이 만나 책임 있는 자세로 진정성 있는 대화를 나눠 풀어가야 한다"고 말했다. 내가 5·24조치 해제 문제를 공식 석상에서 꺼낸 건 그때가 처음이어서 언론의 주목을 받았다. 다만 나는 북한이 신뢰할 만한 행동을 보여주기 전까진 대북 제재를 섣불리 풀 수 없다는 생각이 애초부터 확고했다. 사실 그것 때문에 내가 너무 완고하다고 욕도 많이 먹었다. 하지만 원칙은 지켜야만 하는 것이었다. 북한이 중대한 도발을 해서 처음엔 우리가 강경하게 나갔다가 북한이 사과도 없고 재발 방지 약속도 없는데 시간이 지났다고 우리만 슬그머니 과거로 돌아간다? 그렇게 되면 북한 정권은 아무 거리낌 없이 제2, 제3의 도발을 계속 벌일 것이고, 북핵 개발은 더욱 저지하기가 어렵게 될 게 분명했기 때문이다.

한국 정부가 계속 원칙적 입장을 고수하자 북한 정권은 점점 거칠게 나왔다. 유엔의 북한인권법 제정이나 우리 민간단체의 대북전단 살포, 한·미 연합훈련 등을 비난하며 2015년 상반기에도 북한은 파주 군사분계선(MDL) 총격, 신형 미사일 발사, 서해 NLL 함포 사격 등 군사도발을 이어가며 점점 긴장도를 높여갔다.

●

북한의
목함지뢰 도발

그러다 2015년 8월 4일 파주 1사단 11연대 관할 DMZ에서 목함지뢰 3개가 잇따라 터져 수색작전 중이던 하재헌·김정원 하사가 다리가 잘리는 중상을 입었다. 처음에 군 당국은 폭우 때문에 예전에 묻어놓은 우리 지뢰가 유실돼 사고가 난 것으로 생각했다. 그런데 합동조사 결과 현장에서 북한의 목함지뢰에 쓰이는 부품들이 발견됐다. 현장 지형은 남쪽이 높고 북쪽이 낮기 때문에 북한 지역에 매설한 지뢰가 우연히 우리 쪽으로 떠내려왔을 가능성은 없었다. 북한군이 몰래 군사분계선을 넘어와 남측 철책 문 앞에 목함지뢰를 매설했다는 결론을 보고받았다.

2010년 연평도 도발처럼 북한의 공격이 명백한 상황이면 우리가 즉각 응징을 가하면 된다. 하지만 이런 지뢰 도발은 진상이 뒤늦게 드러나기 때문에 어떤 수위로 대응해야 할지 복잡해진다. 도발 원점을 설정하기도 애매하다. 북한이 우리를 교묘히 시험에 빠트린 것이다.

지뢰 도발에 어떻게 대응할지를 놓고 당시 김관진 국가안보실장 주재로 NSC가 열렸다. 그 회의에서 북한이 가장 꺼리는 대북 확성기 방송을 재개하는 방안이 거론됐다. 확성기를 통한 대북 방송은 북한이 대북 전단과 함께 굉장히 민감하게 반응하는 사안이었다. 외부와 차단된 북한 주민들에게 생생한 정보가 유입돼 민심을 흔들 수 있기 때문이다. 또한 그들이 최고 존엄이라며 신성시하는 김정은 위원장의 치부가 드러나기 때문에 이것을 듣는 자체가 일종의 불경에 해당한다고 한다. 그러니 그들로서는 고역인 것이다.

대북 확성기는 2004년 남북 합의에 따라 철거됐다가 2010년 천안함 사건 이후 재설치됐지만 실제 방송은 하지 않고 있던 상태였다. 이 신형 확성기는 휴전선에서 수십km 떨어진 곳에서도 방송이 들리는 고성능이었다. 회의 뒤 김 실장이 확성기 방송 재개 방안을 보고했고, 나는 즉각 승인했다. 나는 북한이 만약 확성기를 겨냥해 추가 도발을 하면 망설이지 말고 단호히 대응하라고 지시했다. 군과 안보 관련 참모들의 생각도 일치했다.

8월 11일 오후부터 우리 군이 가진 대북 확성기 열 곳 중 중서부 전선 두 곳에서 확성기를 통한 대북 방송이 재개됐다. 나는 8·15 경축사에서 "지뢰 도발로 정전협정과 남북 간 불가침 합의를 정면으로 위반했다"고 북한 정권을 비판했다. 8월 17일 한·미 합동 군사훈련인 을지프리덤가디언(UFG) 훈련이 시작되면서 전방엔 긴장이 더욱 고조됐다. 나는 그날 을지 국무회의에서 목함지뢰 도발에 대해 "불법적으로 군사분계선을 침범해 우리 장병의 살상을 기도한 명백한 군사도발"이라며 "국민의 생명과 재산을 보호하기 위해 확고한 안보의식과 강력한 군사 대비 태세를 갖춰야 한다"고 강조했다.

결국 북한은 8월 20일 오후 3시 53분과 4시 12분 두 차례에 걸쳐 경기도 연천군 중면 일대에 포격 도발을 해왔다. 대북 확성기를 위협한 것이었다. 우리 군은 K9 자주포를 동원해 휴전선 이북으로 29발이나 대응 사격을 했다. 북한군이 다시 도발할 엄두도 못 내게 하는 압도적 대응이었다. 나는 보고를 받고 군의 적극적 대응을 치하했다.

북한군 총참모부는 20일 오후 5시에 전통문을 보내 "48시간 이내 대북 심리전 방송을 중지하지 않으면 군사적 행동을 개시한다"고 협박했다. 나는 군 통수권자로서 가만히 있을 수가 없었다. 그다음 날인 21일 나는 예정돼 있던 지방 일정을 취소하고 전투복 차림으로 용인의 3군사령부를 방문했다. 나는 군 지휘관들에게 "어제 대응한 것처럼 앞으로도 북한이 도발하면 현장 지휘관의 판단에 따라 가차 없이 단호하고 즉각적으로 대응하라"고 지시했다.

김정은도 우리의 대응이 심상찮다고 판단했는지 20일 밤 노동당 중앙군사위 비상확대회의를 긴급 소집해 준전시 상태를 선포하고 북한군에 완전무장을 명령했다는 소식이 들렸다. 북한군은 방사포와 장사정포를 사격 진지로 옮겼고, 잠수함 수십 척이 일제히 기지에서 출항했다. 우리 군도 그에 맞춰 전투 준비태세를 한층 끌어올렸다. 일촉즉발의 순간이었다.

그러던 와중에 북한의 김양건 대남담당 비서가 21일 오후에 전통문을 보내 "21일이나 22일 판문점에서 김관진 국가안보실장과 일대일 접촉을 하자"고 제안했다. 나는 협상 자체는 찬성이지만 목함지뢰 사건을 논의하려면 북한군 책임자가 있어야 한다고 봤다. 그래서 이쪽에서 김 실장과 홍용표 통일부 장관이 나갈 테니 그쪽에선 김양건 비서와 황병서 총정치국장도 함께 나오라고 수정 제안을 보냈다. 북한은 22일 우리의 제안을 수용한다는 뜻을 밝혔다.

22일 오후 6시 30분 판문점 평화의집에서 남북 간 '2+2'의 고위급 접촉이 시작됐다. 예상대로 북한은 목함지뢰 사건에 대해 모르는 일이라고 발뺌하고 나왔다. 나는 김 실장이 판문점으로 떠나기 전 목함지뢰 도발에 대해 반드시 사과와 재발방지 약속을 받아야 한다고 당부했다. 북한이 끝까지 사과를 거부하면 협상을 결렬시켜도 상관없다는 지침을 줬다. 1차 접촉은 뚜렷한 성과 없이 새벽 4시 15분까지 이어졌다.

나는 청와대 관저에서 밤을 꼬박 새우면서 참모들과 상황을 챙겼다. 2차 접촉은 23일 오후 3시 30분에 재개됐다. 김관진 실장은 협상 중간에 직통 라인을 통해 나에게 대화 상황을 수시 보고했다. 나중에 김 실장에게 들은 얘기인데 북한이 계속 버티는 바람에 한때 협상이 파국 직전까지 갔었다고 한다. 그래서 김 실장이 "그럼 이걸로 협상은 결렬입니다"라며 문을 박차고 나서려 하자 김양건 비서가 따라 나와 팔을 잡으며 "결렬은 무슨 결렬"이라며 만류한 일도 있었다고 한다.

결국 북한은 물러섰다. 2차 접촉은 25일 0시 55분에 끝났는데 김관진 실장과 황병서 총정치국장이 6개 조항의 공동보도문을 발표했다. 보도문 제2항은 "북측은 최근 군사분계선 비무장지대 남측 지역에서 발생한 지뢰 폭발로 남측 군인들이 부상당한 것에 대해 유감을 표명하였다"는 내용이었다.

그동안 북한이 자신들의 도발에 대해 공식 문서로 사과를 표시하는 경우는 거의 없었으며, 사과하더라도 도발의 주체는 불분명하게 처리했다. 1976년 도끼 만행 사건 때도 김일성은 유엔군 사령관에게 보낸 사과 편지에서 "이번에 판문점 공동경비구역에서 일어난 사고는 유감스러운 일"이라며 누구의 잘못인지를 애매하게 넘어갔다. 북한이 자신들을 주어로 해서 사과문을 낸 것은 목함지뢰 도발이 처음이었다. 대북 확성기 방송은 "비정상적인 사태가 발생하지 않는 한"이란 전제를 달

2015년 8월 21일 오후 서부 전선을 담당하고 있는 제3군 사령부를 방문해 비무장지대 포격 도발을 감행한 북한군의 동향과 우리 군의 대비태세를 점검했다. 군 관계자들에게 만반의 대비를 할 것을 지시하는 모습. 한민구 국방부 장관(왼쪽)과 김관진 국가안보실장(오른쪽).

아 중단하기로 했다. 즉 북한이 또다시 수상한 일을 벌이면 언제든지 재개할 수 있다는 경고를 남겨둔 것이다. 추석 때 이산가족 상봉을 위한 실무접촉에도 합의했다. 이만하면 고비는 잘 넘겼다 싶었다.

그런데 협상 상황을 챙기느라 나흘간 밤에 잠을 제대로 못 자고 신경을 썼던 게 몸에 상당히 무리였던 모양이다. 25일 오전 경기도 이천시 SK하이닉스 본사에서 열리는 새 반도체 생산라인 준공식에 참석하는 일정이 있었다. 그런데 전날 밤에 거울을 보니 눈에서 실핏줄이 터져 눈동자 주변이 시뻘겋게 돼 있었다. 이런 상태로 외부 행사를 치르기가 다소 민망했지만 워낙 오래전부터 잡아놨던 중요 일정이라 그냥 진행했다.

●

꽃다운 두 하사의 아픔, 눈시울 뜨거웠다

9월 6일 나는 분당서울대병원에서 치료를 받고 있던 하재헌 하사와 국군통합병원에 있던 김정원 하사를 위문차 방문했다. 하 하사는 두 다리가 절단됐고, 김 하사는 오른쪽 발목을 잃었다. 20대 초반의 꽃다운 나이에 이들이 겪은 아픔을 생각하니 저절로 눈시울이 붉어졌다. 나는 국가를 위한 이들의 희생에 깊은 감사를 표시하고, 두 장병의 치료와 군 복귀는 정부가 끝까지 만전을 기하고 군 당국이 할 수 있는 최대한의 예우를 제공하라고 배석했던 한민구 국방부 장관에게 당부했다.

목함지뢰 도발을 기점으로 북한이 포격 도발을 하는 등 위기감이 고조되자 여러 국군 장병이 전역을 미루겠다고 나선 것도 선명하게 기억난다. 육군 5사단에서 복무하던 문정훈 병장이 "도발 행위를 인정하지 않는 북한이 괘씸하다는 생각이 든다. 전우들과 끝까지 싸워 이기겠다"며 전역을 연기한 것이 대표적이었다. 인생에서 다시 오지 않을 청춘의 순간에 국가를 위해 헌신하는 장병들의 모습을 보고 가슴이 뭉클했다.

나는 9월 20일 부사관을 포함한 장병 57만 명에게 1박 2일 특별 휴가증을 내리라고 지시했다. 격려 카드와 전통 약과 등으로 구성된 특별 간식도 선물했다. 대견한 장병들에게 어떻게든 보답하고 싶은 마음이었다.

2013년 개성공단 중단 사태 때처럼 나는 북한 문제는 늘 분명한 원칙을 갖고 대처하려고 노력했다. 북한이 잘못을 저지르면 반드시 그에 상응하는 응징을 가해야 하고, 사과와 재발 방지 조치를 받아내야 한다. 북한이 군사적으로 긴장을 조성하더라도 우리는 흔들림 없이 담대히 나아가야 한다. 그래야 북한이 우리를 존중한다.

북한과의 갈등이 우여곡절 끝에 봉합되면서 2015년 10월 20일부터 일주일 동안 이산가족 상봉 행사도 열렸다. 2014년 2월 이후 1년 8개월 만이었다. 우리 측 389명과 북측 141명이 만났는데 상봉 행사에 참석한 이산가족 대부분이 고령이라 마음이 아팠다. 이처럼 북한과의 관계가 조금씩 풀려가는 듯했지만, 이듬해 1월 6일 북한이 4차 핵실험을 감행하면서 관계가 또다시 얼어붙었다. 북한은 결코 믿을 수 없는 상대라는 것을 절감하는 순간이었다.

북에 울려 퍼진
'소원을 말해 봐'

북한은 경계심을 늦출 수 없는 나라다. 평화 공세를 펼치다가도 언제 그랬느냐는 듯 돌변해 무력도발을 벌이며 우리의 허점을 파고들곤 한다. 돌이켜보면 2016년은 그런 북한의 속성이 가장 잘 드러난 시기였다고 생각한다.

2016년 1월 1일 북한이 내놓은 신년사에서 김정은 국방위원회 제1위원장은 "진실로 민족의 화해와 단합, 평화와 통일을 바라는 사람이라면 누구와도 대화하겠다"고 밝혔다. 또 경제 건설을 강조하면서 이전까지 강조하던 핵무력 건설을 함께

한다는 이른바 '병진 노선'에 대한 언급도 없었다.

2014년 2월에 이어 2015년 10월 이산가족 상봉이 2년 연속 이어진 터였다. 북한의 변화와 남북관계의 해빙을 기대하는 조심스러운 전망이 나오기 시작했다.

나도 5일 새해 첫 국무회의에서 "최근 북한도 8·25 합의 이행 의지를 밝히고 있는 만큼 민족 동질성 회복을 위한 민간 통로 확대와 이산가족 문제 해결 등 남북관계 정상화에 힘써 주기를 바란다"고 말했다. 다만 "올해는 외교·안보적으로도 중요한 전환기인 만큼 한순간도 긴장의 끈을 놓아서는 안 될 것"이라는 점도 빼놓지 않았다. 북한의 변화와 개방을 그 어느 누구보다도 바랐고, 대통령이 되기 전부터 이를 강조해 왔지만 그렇다고 북한의 변화를 너무 쉽게 낙관해도 곤란하다는 것을 알았기 때문이다.

그리고 북한은 나의 염려를 확인이라도 시키려는 듯 이튿날 (6일) 오전 10시 30분 함경북도 길주군 풍계리에서 4차 핵실험을 감행했다. 북한 측은 새로운 형태의 수소폭탄이라고 주장했다(이후 국방부는 수소폭탄은 아닌 것으로 파악했다).

●

북한이 가장 싫어하는
대북방송 재개

김관진 안보실장을 통해 보고를 받은 나는 대북 경계태세를 격상하도록 하는 한편 오후 1시 30분 청와대에서 국가안전보장회의(NSC)를 주최했다. 회의 분위기는 무거웠다. 2013년 1월 이후 3년 만의 핵실험이었다. 1~3차 핵실험 때와 달리 주변국에 대한 사전 통보가 일절 없었다. 북한의 핵 도발이 점점 대담해질 것이라는 점이 명확해졌다.

따라서 이번 도발에 대해 강력한 수단을 총동원해야 한다는 쪽으로 의견이 모아졌다. 이에 따라 일단 8일 정오부터는 대북 확성기 방송을 전면 재개했다. 확성기 방송은 북한이 가장 싫어하는 압박수단이기 때문에 실질적 보복 조치 중 하나였다. 당시 외교 당국자의 말대로 "김정은이 꺼리는 모든 것을 총동원하겠다"는 의지를 보여준 셈이다.

대북 확성기 방송은 원더걸스 'I Feel You', 소녀시대 '소원을 말해 봐', 아이유 '마음' 같은 인기 K팝이나 북한 체제를 비판하는 내용으로 구성돼 있다. 탈북자들의 증언에 따르면 북한 당국이 방송이 들리는 지역의 민심 동요를 우려할 정도로 위협적이라고 한다. 실제로 2015년 8월 비무장지대(DMZ) 목함지뢰 사건으로 열린 남북 고위급 회담에서도 북한 대표단은 확성기 방송 중단을 강력하게 요구하며 민감하게 반응했다.

한편 국제 공조도 신속하게 착수했다. 북 핵실험 이튿날인 7일 아베 신조 일본 총리 및 버락 오바마 미국 대통령과 전화 통화로 의견을 나눴다. 역시 강력하게 대응해야 한다는 데 의견이 일치했다. 이에 따라 한국, 미국, 일본 3개국의 요청으로 유엔 안전보장이사회가 8일 소집됐고, 4일 뒤인 10일 핵미사일을 탑재한 미국 B-52 폭격기가 한반도 지역으로 전개됐다. 한국에 대한 미국의 핵우산을 북한에 재확인시키는 동시에 도발에 언제든지 대응할 수 있다는 경고였다. 또 미국 하원은 대북 제재를 강화하는 법안을 찬성 418표, 반대 2표의 압도적인 표 차로 통과시켰다.

당시 4차 핵실험을 예측하지 못한 국방부는 많은 비판을 받았다. 사실 사전에 징후가 전혀 없었던 것은 아니다. 핵실험을 준비할 때면 주변 지역에 차량이 많이 왔다 갔다 하는 등 평소

2016년 1월 6일 열린 국가안전보장회의(NSC)에서 나는 북한의 핵 도발에 대해 강력한 수단을 총동원하라고 지시했다. 이에 따라 1월 8일 군 당국은 2015년 '8·25 합의' 이후 5개월간 중단했던 대북 확성기 방송을 전면 재개했다.

와 다른 움직임이 위성에 포착되기 때문이다. 하지만 그것이 늘 핵실험으로 이어지는 것은 아니다. 그렇기 때문에 국가정보원이나 국가안보실이 각종 정보를 분석해 핵실험 정황을 감지할 순 있지만, 그것이 정확히 언제쯤일지 맞히긴 어렵다. 게다가 최근 이산가족 상봉도 이어졌고, 남북관계 분위기가 딱히 악화하지 않은 상황이었던 만큼 북한이 핵실험을 이때 강행할 것이라고 판단하기는 쉽지 않았다.

●

긴박했던
개성공단 전면 철수

2013년 1월 이래 3년여간 잠잠했던 북한이 전격적으로 핵 도발을 재개한 것은 충격적이었고 위기감을 증폭시켰다. 우리는 핵무기가 없는데, 북한은 대화 분위기 속에서도 여전히 뒤에서 핵을 계속 고도화하고 있었다는 것이 드러났기 때문이다.

나는 솔직히 그전까진 북한에 대해 한 가닥 기대를 포기하지 않았다. 그러나 4차 핵실험을 보면서 김정은 정권과 의미 있는 대화가 과연 가능할 것인지에 대해 깊은 회의감이 몰려왔다. 북한은 불과 4개월 전 8·25 합의 당시 목함지뢰로 인한 우리 병사들이 중상을 당한 데 유감을 표명하면서 남북관계를 개선하기 위한 당국 회담을 서울 또는 평양에서 이른 시일 내에 개최하며 앞으로 여러 분야의 대화와 협상을 진행해 나가자고 했다. 그러고는 갑작스러운 핵실험으로 이를 백지로 만들어버린 것이다.

8일 소집된 유엔 안전보장이사회에서는 북한에 대한 고강도 제재를 추가하는 수순을 밟고 있었는데, 이에 대한 반발로 북한의 어떤 추가 도발이 나올지 알 수 없었다.

고심 끝에 나는 개성공단을 전면 중단하기로 결심했다. 청와대 내부에서도 신중론은 있었다. 중대한 결정을 내릴 때는 여러 참모들의 의견을 듣는다. 의견이 늘 통일되는 것은 아니고 찬반이 엇갈리기도 한다. 하지만 대통령이라는 자리는 결심해야 한다. 이것도 되고, 저것도 된다는 식은 있을 수 없다.

개성공단 중단은 1월 결정했지만, 공식 발표는 2월 10일이었다. 발표를 2월 10일로 정한 데는 이유가 있다. 개성공단 철수를 단행할 때 기업인을 비롯한 우리 국민의 안전보장이 가장 중요한 문제가 됐다. 철수를 진행하면서 행여라도 개성공단 내 국민들이 인질이 되지는 않을지 우려하지 않을 수 없었다. 한 명이라도 억류되면 안 된다고 생각했다. 그래서 1월에는 1, 2차에 걸쳐 출입제한 조치를 내놓아 개성공단 체류 인원을 조금씩 줄인 뒤 개성공단 내 인원이 최소화되는 설 연휴 기간을 택해 단계적으로 완전히 철수하도록 한 것이다.

그런데 당시 우리은행 개성공단 지점 직원 2명이 철수하지 않으려고 했다. 북한 측에 맡겨진 20만 달러를 회수해야 한다면서 받을 때까지 나올 수 없다는 것이다. 결국은 그 돈을 모두 회수해서 나왔고, 1명도 차질없이 무사히 빠져나왔다. 군에서는 북한군의 예상치 못한 도발에 대비해 주변 전방부대의 포대를 개성공단 일대로 조준하는 등 우리 측 차량이 남쪽으로 철수하는 동안 경계태세를 강화했다. 지금에야 이렇게 쉽게 말하지만, 당시에는 정말 손에 땀이 나는 듯한 긴장 상황이었다. 지금 돌이켜봐도 이때 개성공단을 중단한 것은 잘한 결정이었다고 생각한다.

나는 야당 의원 시절부터 남북 간 교류 협력은 필요하다는 입장이었지만, 개성공단의 운영 방식은 다소 문제가 있다고 봤다. 무엇보다도 임금이 미국 달러로 지급되는 것은 북한 주민의 삶을 증진한다는 애초 목적과 다르게 쓰일 수 있기 때문이다. 각종 제재로 북한의 자금줄이 막힌 상황에서 이들의 임금을 달러로 결제해 주면 이 돈이 군사 목적 등 다른 용도에 쓰이지 않는다는 보장이 없지 않은가.

그래서 나는 개성공단의 북한 노동자들에게 지급하는 임금은 대한민국의 화폐로 지급해야 하는 것이 옳다고 생각했다. 이 돈으로 북한 주민들에게 필요한 한국제 생필품 등을 구입하게 한다면 남과 북 모두에게 이익이 될 수 있기 때문이다. 그러면 개성공단에 대해 부정적인 시각도 잠잠해질 것이다.

북한은 우리의 공단 폐쇄 조치가 일시적이고, 머잖아 다시 문을 열 줄 알았을 것이다. 그러나 나는 북한의 근본적인 변화가 확인되지 않는 이상 개성공단이 재개되는 것은 불가하다고 판단했다. 다만 개성공단에 입주했던 많은 중소기업의 피해가 불가피했다. 개성공단 폐쇄로 인한 이들의 피해를 최소화하기 위해 남북협력기금을 포함해 도울 수 있는 후속 조치를 최대한 마련하도록 지시했다.

대북 확성기

2018년 철거 직전 최전방 지역 10여 곳에 설치된 확성기는 고정식 16대, 이동식 24대였다. 고정식 확성기는 출력을 최대로 높일 경우 낮에는 10km, 밤에는 24km 밖까지 소리가 전달된다. 신형 이동식 확성기는 고성능 방송 장비를 탑재해 고정식보다 10km가량 더 소리를 전달할 수 있다.

확성기 방송은 최전방 지역에서 남북 간의 교전이 끊이지 않던 1963년 5월 1일 서해 휴전선 일대에서 처음 시작됐다. 박정희 정부 시절인 1972년 7·4 남북공동성명 이후 방송이 중단됐지만, 1980년 북한이 대남 방송을 실시하면서 우리 정부도 방송을 재개했다. 김대중 정부 시절인 2000년 6·15 1차 남북정상회담 이후 방송이 중단됐고, 노무현 정부 시절인 2004년에는 확성기 시설을 아예 철거했다.

2010년 3월 26일 천안함 폭침 사건이 터지면서 이명박 정부는 일부 확성기 설비를 다시 설치했지만 실제로 방송하지는 않았다. 2015년 8월 4일 북한이 매설한 목함지뢰 폭발 사고가 발생하자 박근혜 정부는 확성기를 다시 틀었다. 대북 확성기는 문재인 정부 시절인 2018년 4월 27일 1차 판문점 남북정상회담이 열린 뒤 모두 해체됐다.

사드
(THAAD)

　4차 핵실험의 파장은 고고도미사일방어체계(사드·THAAD)로 이어졌다. 미국은 내 임기 초부터 사드 배치를 요청했다. 날로 고도화되는 북한의 미사일 도발로부터 주한미군 등 주요 전력을 지키려면 수도권 외에 방어가 어려운 기존 패트리엇 미사일로는 부족하기 때문에 한반도 남부에 사드를 추가로 배치해야 한다는 입장이었다. 주한미군이 사드를 배치하면 한국도 탄도미사일 방어력을 대폭 증강할 수 있으니 군도 환영했다.

하지만 중국의 반발이 워낙 강력해 우리 정부로서도 무조건 수락하기는 쉽지 않은 상황이었다. 그래서 우리 정부의 입장은 '3노(NO)', 즉 '요청받은 적 없고, 협의한 적 없고, 결정한 적 없다'였다.

●

사드 배치 결정, 중국은 반발했다

하지만 북한의 4차 핵실험이 분위기를 완전히 바꿔놓았다. 북한의 핵미사일은 이제 현실적인 위협으로 받아들여야 했다. 이제 사드 배치는 더 이상 미루기 어렵다고 판단했다.

사드 배치를 결정하면서 중국과의 갈등을 우려하는 목소리도 컸다. 중국은 한국에 주한미군의 사드가 설치되는 것을 미국의 MD(미사일방어) 체제 편입으로 규정하면서 중국의 안보에 위협이 된다고 반대했다. 하지만 우리가 사드 도입을 수락한 것은 어디까지나 고도화되고 있는 북핵 때문이란 점을 중국에 설명해야 했다.

1월 6일 핵실험 직후, 나는 이런 문제들을 논의하기 위해 시진핑 중국 국가주석과 통화를 시도했지만 연결이 쉽게 되지 않았다. 시 주석과 통화가 된 것은 핵실험으로부터 한 달가량이 지난 2월 5일이었다. 시 주석은 '대화와 협상'이 중요하다는 입장을 보였다. 북한은 4차 핵실험에 이어 2월 3일 지구 관측 위성을 발사하겠다고 전격 발표하는 등 일촉즉발의 위기감이 고조되고 있던 상황이었다. 말이 지구 관측 위성이지 사실상 대륙간탄도미사일을 준비하고 있다는 통보였다. 북한의 도발 폭주를 저지하기 위해선 중국의 적극적 자세가 꼭 필요했는데, 시 주석의 답변은 나의 기대에 미치지 못했다.

이런 가운데 북한은 2월 7일 오전에도 평안북도 철산군 동창리에서 광명성호 로켓을 발사했다. 설 연휴 아침이었다. 우리도 더는 묵과할 수 없는 상황이 됐다. 이날 한·미 양국은 국방부 정책실장의 브리핑을 통해 사드 배치 논의를 공식화했다. 다만 중국의 반발을 고려해 북한을 견제하는 용도로만 운용될 것이라는 점을 분명히 했다.

2월 8일 한·미 양국은 사드 배치를 확정하고 부지 물색에 들어갔다. 야당과 일부 언론을 통해 사드 전자파에 대한 과도 한 우려가 퍼지면서 후보지로 거론된 곳곳에서 반대 목소리가 들끓었다. 사드 전자파가 인체에 치명적인 악영향을 끼친다는 것이었다. 과학적 근거가 전혀 없는 괴담이 일파만파 확산되자 당혹스러웠다. 정부에서는 사실이 아니라는 점을 설명했지만, 지난 이명박 정부의 미국산 쇠고기 파동에서도 그랬듯이 한번 퍼진 괴담은 좀처럼 수그러들지 않고 기승을 부렸다. 야당 의원들은 시민단체와 합세해 현지에서 이런 분위기를 더욱 부추겼다.

그래서 7월에는 국방부에서 미국 측의 양해를 얻어 출입기자단을 미군 괌 기지로 초청했다. 사드 레이더의 전자파를 측정한 결과를 직접 확인시키기 위해서였다. 측정 결과 최대치는 m^2당 0.0007W로 나타났다. 이는 방송통신위원회의 전자파 인체보호 기준치인 m^2당 10W의 0.007% 수준이다. 전문가들에 따르면 이 정도의 전자파는 일상생활에서도 나올 수 있다고 한다. 즉, 사드가 배치되는 포대에서 민가의 거리가 약 1.5km인 점을 고려할 때 사드 레이더의 전자파는 주민 건강과 농작물 등 환경에 아무런 영향을 미치지 않는다는 점이 입증된 것이다.

그럼에도 부지 후보로 유력하게 거론된 대구, 김천, 성주 등에서는 격한 반발이 쏟아졌고, 해당 지역의 여당 의원들마저 공개적으로 난색을 드러냈다. 경북 경산이 지역구인 최경환 의원조차 "영남권 신공항 백지화(김해 신공항 추진)로 대구·경북 민심이 좋지 않은 상태에서 사드가 대구·경북에 배치되면 지역 민심 악화를 더 가중시킨다"는 걱정을 전달하기도 했다.

이런 가운데 한·미 양측은 고민 끝에 2016년 7월 13일 경북 성주군에 사드를 배치하기로 확정했다. 사드의 방어망을 극대화하려면 국토에서 너무 위로도, 너무 아래로도 치우쳐서는 안 되고, 바다에 인접하는 것도 실효성이 떨어졌다. 그리고 경북 성주에는 일명 '성주 포대'라고 불리는 호크 미사일 발사대와 레이더 등이 이미 배치돼 있는 만큼 최적지로 꼽혔다.

일각에서는 한 차례의 주민 공청회도 없이 진행됐다고 비판했다. 하지만 사드는 국익과 안보 차원에서 반드시 해야 하는 일이었고, 이왕 한다면 조속히 실행에 옮겨야 한다고 판단했다. 북한의 핵 도발 수위가 고도화되는 만큼 서두를 필요도 있었지만, 또 한편으로는 중국과의 관계를 고려할 때 후임 정권에 외교적 부담을 줘서는 안 된다는 고려도 있었다. 사드 문제는 내 임기 내에 마무리짓는 편이 낫다고 생각했다.

경북 성주로 확정된 후로도 부지 선정은 순탄치 않았다. 결국 롯데 측의 배려로 2016년 9월 30일 경북 성주군 초전면에 위치한 롯데 스카이힐 골프장 부지를 확보하면서 한숨을 돌릴 수 있었다. 국방부 소유 부동산과 교환하는 방식이었다. 이 때문에 중국에 진출했던 롯데는 경제적 보복 조치를 당하는 등 엄청난 손해를 감수하게 됐다. 그렇게 손해 보게 될 것을 알면서도 롯데 측은 "기업으로서 국가를 위해 우리가 할 수 있는 건 해야 한다"는 신념을 강하게 보여줬다. 롯데가 용기 있는 결정을 해준 것에 대해 지금도 감사한 마음을 갖고 있다.

이렇게 어려운 과정을 겪으며 사드 배치가 확정됐지만, 문재인 정부 시절 사드 반대 진영의 시위 때문에 통행이 어려워 그곳에 있는 미군부대가 필요 물자들을 헬리콥터로 나르는 형편이라고 들었다. 미군 관계자가 그 모습을 보면서 '이게 동맹국 맞냐'고 했다는 이야기를 듣고 참 안타까웠다. 그나마 최근에 이런 문제가 풀렸다고 하니 다행이다.

이렇게 사드 배치가 진행되자 예상대로 중국에서는 크게 반발했다. 나는 기회가 있을 때마다 중국 측에 사드 배치의 불가피성에 대한 이해를 구하고 양국 관계가 파국으로 가지 않도록 애썼다. 중국은 이미 관측 거리 5000km의 안테나를 배치해 한반도 전역을 볼 수 있지만, 사드의 안테나 관측 거리는 최대 1000km 정도이기 때문에 기껏해야 중국 단둥 정도에 도달하는 수준이다. 그런 만큼 사드는 어디까지나 대북 방어용이라는 점을 강조했다. 그 덕분에 사드 설치가 확정된 후에도 중국과의 관계는 당초의 우려처럼 크게 흔들리지 않았다.

사드 부지를 경북 성주로 결정하고 얼마 지나지 않아서다. 김장수 주중대사는 8월 18일 리바오둥 중국 외교부 부부장(차관급)과 면담을 갖고 중국 정부 측의 메시지를 청와대에 보고했다. 다음과 같은 내용이었다.

"한국 측의 사드 배치 결정에도 불구하고 중국 정부는 그간 쉽지 않게 발전시켜 온 한·중 전략적 협력 동반자 관계를 중시하고 있으며, 이를 더욱 진전시켜 나가기를 기대하고 있다. 또 이를 위해 양측이 양국 관심사를 모두 배려할 수 있는 방안을 모색하고, 소통과 조율을 더욱 강화함으로써 한·중 관계 발전과 역내 평화 안정 유지를 위한 공동 노력을 기울여 나가야 한다고 본다."

아울러 9월 초 중국 광저우에서 예정된 G20 정상회의에 참석하는 대부분의 국가 및 국제기구에서 양자 정상회담을 요청하고 있어 일정 조율에 어려움이 있지만, 중국 정부는 한국을 매우 중시하고 한·중 교류 소통 이해 증진이 계속돼야 한다는 기본 입장에 따라 한·중 정상회담을 적극 검토하고 조율 중인데, 결정되는 대로 즉시 알리겠다고 했다.

이런 물밑 과정을 거쳐 2016년 9월 4~5일 중국 항저우에서 열린 제11차 G20 정상회의 때 한·중 정상회담을 가졌다. 시 주석과 가진 마지막 만남이기도 했다. 그때 나는 시 주석에게 "이 크지 않은 어깨에 5000만 국민의 생명이 달려 있다"고 말문을 연 뒤 "우리의 자위권을 위해서는 지금 사드를 설치하지 않을 도리가 없다. 만약 북한의 핵이 없다고 한다면 우리도 사드가 필요없다. 북한의 핵이 사라진다면 우리도 사드를 설치하지 않을 수 있다"고 설명했다. 노골적으로 말하지는 않았지만, 중국도 사드에 반대만 할 것이 아니라 적극적으로 원인(북핵) 제거에 동참해 사드가 필요없도록 만들어 달라는 이야기였다.

어떤 자리였는지 정확히 기억은 나지 않지만, 중국 측에 이런 말을 한 적도 있다. "그동안 중국하고 우리는 북핵 문제를 놓고 긴밀히 소통해 왔는데 정말 어려운 때 손잡아 주는 게 최상의 파트너다. 중국이 안보리 상임이사국이니, 이런 때 정말 필요한 조치를 하는데 중국도 나서서 해줄 걸로 내가 믿겠다." 그러자 주한 중국대사도 "그 말이 맞다. 정말 어려울 때 손잡아 주는 것이 최상의 파트너다. 중국에도 그 비슷한 속담이 있다"고 화답했다.

나중에 들은 것이지만, 한민구 국방부 장관이 아시아안보회의(샹그릴라 대화)에서 중국 측 인사와 사드가 중국의 안보를 위협하는 것이 아니라는 점을 설명했더니, 그 인사는 "알고 있다"고 답했다고 한다.

그럼에도 사드에 대한 중국의 입장은 확고했다. 아쉬운 점이 없지는 않으나 더는 어찌할 도리가 없었다. 우리로서는 중국과의 관계를 더 악화하지 않고 대북 문제에 협력을 구하는 것이 더 중요했다. 얼마 뒤 북한이 5차 핵실험을 했을 때 중국 정부는 핵실험 당일 성명을 내고 "북한은 비핵화 약속을 지키고, 유엔 안보리의 관련 결의를 준수할 것"을 촉구했다. 또 이와 관련해 열린 유엔 안보리의 대북 제재 논의에서도 북한이 두 번의 핵실험과 여러 차례의 탄도미사일 시험발사를 했다며 비판하기도 했다. 사드 배치에도 불구하고 중국과의 대북 문제 협력은 계속 이어졌던 것이다.

●

라오스 순방 중 벌어진
북한의 5차 핵실험 기습

그러나 북한은 고삐 풀린 말처럼 도발을 멈추지 않았다. 북한이 5차 핵실험을 강행한 것은 2016년 9월 9일, 4차 핵실험으로부터 8개월가량이 지난 때였다. 북한이 핵실험을 했을 때 나는 G20 회의를 마치고 아세안 관련 정상회의 참석차 라오스를 방문 중이었다. 북한은 나흘 전인 5일에도 동해상으로 노동미사일 세 발을 발사한 상황이었다.

상황이 급했기 때문에 그때 머물고 있던 라오스 비엔티안에서 윤병세 외교부 장관, 김규현 외교안보수석 등과 긴급회의

2016년 7월 14일 고고도미사일방어체계(사드·THAAD) 주한미군 배치 결정과 관련해 국가안전보장회의(NSC)를 주재하며 북한 탄도미사일 방어개념도를 살펴보고 있다.

를 열고 대책을 논의했다. 이후 한·라오스 정상회담을 진행한 다음 한·라오스 비즈니스 포럼 등은 불참 양해를 구한 뒤 급히 귀국했다. 엄중한 안보 상황을 고려해 11월 칠레에서 열리는 제24차 아시아·태평양경제협력체(APEC) 정상회의에도 불참하고 황교안 국무총리를 대신 보내기로 했다. 외국 순방을 가면 외교안보수석 등이 동행하지만, 국가안보실장은 국내에 남는다. 해외에 나갈 때마다 청와대의 실장들과 인사하는데, 안보실장에게는 "저 없는 동안 나라를 잘 지켜 주세요"라고 말하곤 했는데 이때는 정말로 그런 상황이었다.

공개적으로 밝히진 않았지만, 5차 핵실험 보고를 받은 순간 '이제 북한과는 모든 게 끝났다. 우리가 더 이상 뭘 더 할 방법이 없다'는 생각이 들었다. 나는 대통령 취임 전부터 한반도 신뢰 프로세스를 통해 대북 정책의 '투 트랙'을 제시했다. 국제 공조를 통한 대북 압박을 지속하되 북한에 대화와 협력의 길도 열어두겠다는 것이었다. 북한이 핵만 포기한다면 그 대가로 많은 지원과 공동 번영이 가능하다고 설득했다. 북한 주민과 북한 정권 모두에게 도움이 될 수 있었고, 이면에 어떠한 계산도 없었다. 임기 동안 의미 있는 관계 개선을 만들고자 최선을 다했다.

하지만 손뼉도 마주쳐야 소리가 나는 법이다. 북한은 정반대의 길로만 갔다. 북한은 4차 핵실험을 시작으로 2016년에만 무려 16차례에 걸쳐 24발의 미사일을 발사했다. 이것은 김정일 정권하 18년간 발사한 16발보다 더 많았다. 북한 김정은 정권의 변화를 기대한다는 것은 불가능하다는 것이 명확해졌다.

반기문 유엔 사무총장도 5차 핵실험 직후 이례적으로 직접 기자회견을 열고 유엔 안보리의 강력한 조치를 촉구했다. 유엔 안보리는 북한의 우방인 중국과 러시아까지 적극 동참한 가운데 북한의 석탄 수출을 제한해 경제를 압박하고 외교관 숫자를 줄이도록 하는 안보리 결의 2321호를 만장일치로 채택했다.

2016년 10월 이후 나는 국내 정치의 급류에 휘말려 북핵 문제를 컨트롤하는 데 한계가 있었고, 그해 12월엔 국회 탄핵으로 대통령직 수행마저 중단됐다. 하지만 나는 이른바 '최순실 사태'로 옥고를 치르면서도 북핵에 대한 걱정을 한시도 잊은 적이 없다. 이후 북한은 2017년 9월 3일 6차 핵실험까지 감행하면서 핵 능력 고도화를 꾸준히 추진했고, 지금은 대륙간탄도미사일(ICBM) 개발까지 목전에 두고 있다. 북한 정권이 우리의 선의를 외면한 채 핵 개발에 명운을 걸겠다면, 우리는 주변 우방국들과 전략적 공조를 더욱 강화해 안보를 지키는 수밖에 없다.

간혹 북한이 도발하더라도 우리가 손을 내밀어 한반도 문제를 주도적으로 풀어야 한다는 이야기를 하는 사람들이 있다. 이는 현실을 도외시한 위험한 주장이다. 인류를 위협하는 핵확산을 막자는 움직임 속에서 북한의 핵 개발을 막기 위해 국제사회가 연대해 왔고, 유엔 안보리의 규제들이 겹겹이 쌓여 왔다. 다시 말해 북한의 핵 개발은 한국과 미국뿐 아니라 세계 각국이 평화를 위협하는 심각한 도전으로 인식하고 있다. 그렇기에 북한에 대한 각종 제재는 국제사회의 동의 없이 우리 단독으로 풀거나 완화할 수 있는 차원의 문제가 아니다.

사드(THAAD·고고도미사일방어체계)

사드는 요격고도 40~150km, 최대 사거리 200km에 이르는 미국 미사일방어(MD)의 핵심 체계다. 한국은 2016년 북핵 위협에 대응하기 위해 사드 배치가 필요하다는 주한미군의 요청을 수용하기로 최종 결정했다. 그러나 부지로 선정된 경북 성주 지역 주민들과 더불어민주당 등 야당의 반대, 중국 정부 등의 반발이 이어지면서 추진에 어려움을 겪었다. 문재인 정부 시절인 2017년 9월 경북 성주 기지에 사드 발사대 4기가 반입되면서 1개 포대가 완전히 갖춰졌으나 반대 시위 때문에 기지 내부에 헬기로 식량 등을 공수하는 등 기지 운영이 정상화되지 않았다.

2022년 출범한 윤석열 정부는 '사드 기지 정상화' 의지를 밝히고 환경영향평가, 부지 공여, 인력·물자·유류 지상 수송 등을 추진했다. 2023년 6월 사드 기지에 대한 환경영향평가가 마무리됐다. 가장 큰 논란거리였던 전자파의 인체 유해 여부는 '문제가 없다'고 결론지었다.

태영호 귀순과
장성택 숙청

국제사회의 대북 제재 효과에 대해서 회의적인 사람들도 있을 것이다. 하지만 북한 정권이 기회가 있을 때마다 제재 해제를 요구하는 것에서 알 수 있듯이 대북 제재가 실질적으로 북한을 압박하는 수단이란 점은 의문의 여지가 없다.

특히 국제적 압력이기 때문에 외국에서 사는 북한의 외교관이나 주민들은 직접적인 압박을 받게 되고 많은 곤란을 겪는다. 그러면서도 외화를 벌어 북한에 송금도 해야 하니 이중삼중으로 막막한 상황이 된다. 이런 상황에서 한국 소식도 듣고,

북한으로 돌아간 뒤의 생활이나 자녀의 미래 등을 생각하면서 체제에 대한 회의로 이어지는 것이다.

●

태영호 공사의 귀순과
장성택 숙청

내 임기 동안 북한의 핵과 미사일 도발도 많았지만, 북한 지도층의 내부 동요가 잇달았던 것도 이런 배경과 무관치 않았다. 태영호 공사의 귀순이 대표적이다. 태영호 공사는 주영국 북한 공사로 영국 주재 북한 대사관에서 현학봉 대사에 이은 2인자였다. 지금까지 탈북한 북한 외교관 중에서는 최고위급에 해당했다. 일일이 모두 발표하지는 않았으나 태 공사 전후로 북한 엘리트층의 귀순이 많았다.

태 공사의 귀순 소식이 공개된 것은 2016년 8월 17일이다. 그보다 앞서 국가정보원장과 안보실장을 통해 보고받았는데, 워낙 고위급 인사이다 보니 나 역시 적잖게 놀랐다. 북한의 최고 엘리트 계층에 해당하는 태 공사는 탈북 이유를 김정은 체제에 대한 염증과 대한민국에 대한 동경, 자녀 문제라고 밝혔다. 태 공사의 귀순은 북한 체제의 모순이 심각하다는 것을 보여주는 하나의 시그널로 느껴졌다.

그래서 얼마 뒤 제71주년 광복절 경축사에서 나는 "통일은 여러분 모두가 어떤 차별과 불이익 없이 동등하게 대우받고 각자의 역량을 마음껏 펼치며 행복을 추구할 수 있는 새로운 기회를 제공할 것"이라고 말했다. 일반 주민뿐 아니라 북한의 모든 계층에게 문을 열어놓겠다고 알린 셈이다.

당시 월스트리트 저널은 관련 칼럼에서 '발로 투표하라(Vote with their feet)'는 표현을 썼는데, 고위급 인사들의 탈북 행렬이 가속화하면 북한 체제나 주민들에게 자극을 주고 북한 정권도 뭔가 변화를 추구할 수밖에는 없다는 의미였다. 나도 '탈북은 먼저 온 통일'이라는 표현을 쓰곤 했다.

태 공사는 자신을 따뜻하게 맞아준 대한민국에 대해 매우 감격했다고 회고했다. 그리고 2020년 총선에서 서울 강남갑에 출마해 국회의원이 됐다. 능력을 인정받으면 출신에 구애받지 않고 다양한 기회를 얻을 수 있는 사회, 나는 이것이 바로 대한민국이라고 생각한다.

2014년 10월 30일 강원도 원주 공군 제8전투비행단에서 열린 국산전투기 FA-50 전력화 기념식에 참석해 관계자들을 격려했다. (위)

이날 국산전투기 FA-50 전력화 기념식 행사를 마친 후 FA-50 전투기에 탑승한 모습. (아래)

그런가 하면 장성택 노동당 행정부장의 숙청은 또 다른 측면에서 놀라운 사건이었다. 2013년 12월 8일 열린 북한 노동당 정치국 확대회의에서 장성택이 숙청됐는 소식을 정보기관이 보고했다. 나도 젊어서부터 권력의 한복판에서 벌어지는 다양한 일들을 지켜봤지만, 비참하게 끌려나가는 사진 속 장성택의 모습은 적잖게 충격으로 다가왔다.

수령 체제라는 북한의 특수한 환경에서 '2인자'라 불리던 그도 언젠가는 숙청을 피하기는 어려웠을 것이다. 그래도 그는 김정은 국방위원장의 고모부였다. 우리 정보기관이 확인한 바에 따르면 장성택은 굉장히 끔찍한 방식으로 처형됐다고 한다.

독재사회일수록 최고 권력층에서 벌어지는 파워게임은 큰 파장을 낳는다. 장성택 숙청의 여파가 어떻게 확대될지 모르는 만큼 당시 정보기관과 안보 관련 부처는 정확한 정보를 파악하기 위해 분주하게 움직였다.

처음 '김정은'이라는 존재가 외부에 드러났을 때 서구 유학파이고, 팝송을 즐겨 듣는 등 해외 문화에 호의적이라는 정보가 알려지면서 북한도 앞으로 달라지지 않겠냐는 기대감이 어느 정도 있었던 것이 사실이다. 그러나 장성택 처형을 통해 북한은 쉽게 바뀌지 않는 곳이란 현실을 새삼 깨닫게 됐다.

카디즈
보라매 사업

중국이 자신들의 방공식별구역(Air Defense Identification Zone·아디즈) 확장을 발표한 것은 2013년 11월 23일이다. 이 보고를 받은 나는 파장이 만만치 않겠다는 생각이 들었다. 이번에 확장한 중국의 방공식별구역에는 우리 영토인 이어도와 일본의 센카쿠 열도가 포함되어 있었기 때문이다. 하지만 중국은 우리나라와 일본 등 주변국과는 사전 논의 없이 이를 일방적으로 선포했다.

방공식별구역, 아디즈(ADIZ)는 영공 외곽의 공해 위에 설정된 구역이다. 각국이 아디즈를 설정하는 것은 적 항공기가 영공에 들어온 뒤에야 대응하기 시작하면 대처가 늦기 때문이다. 그래서 영공 바깥쪽에 아디즈를 설정해 놓고, 아디즈를 침범한 항공기가 안보에 위협이 될 것으로 판단되면 사전 대응에 나선다. 엄밀히 말하면 영공은 아니지만, 군사 주권을 행사할 수 있는 공간으로 인정받는다. 각 국가의 로마자 알파벳 이니셜을 붙여 한국은 카디즈(KADIZ), 일본은 자디즈(JADIZ), 중국은 차디즈(CADIZ)라고 부르고 있다.

한국의 카디즈는 6·25 전쟁 중이던 1951년 3월 미 태평양 공군사령부가 설정했다. 당시엔 중공군의 항공 작전 능력을 감안해 마라도 남방까지만 포함했다. 이때 이어도 등 일부 도서가 제외됐다. 또, 1994년에는 영해 개념이 3해리에서 12해리로 늘어났는데, 이를 제대로 반영하지 못하고 있었다.

●

중국 방공식별구역 이어도 포함…
묵과할 수 없었다

중국이 차디즈를 일방적으로 선포한 것은 사실 일본과 영토 분쟁 중인 센카쿠 열도 문제가 크게 작용했다. 양국은 대만과 오키나와 사이에 있는 이 섬들을 서로 자국 영토라고 주장하고 있었고, 현재는 일본이 실효 지배 중이다. 이 무렵 중국은 센카쿠 열도 일대에 자국 어선들을 보내 조업을 하도록 해 일본 측과 갈등이 고조되고 있었다.

중국의 차디즈 발표 이틀 뒤인 2013년 11월 25일 아베 신조 일본 총리는 "예상치 못한 사태를 초래할 수 있는 매우 위험한 행위"라며 유감을 표했다. 그런데 센카쿠 열도 문제와는 별개로 이어도는 한국의 배타적경제수역(EEZ)에 속한다는 게 우리 정부의 입장이다. 그런 만큼 차디즈에 이어도가 포함된 건 우리로선 묵과할 수 없는 일이었다.

하지만 외교에서 무조건 '눈에는 눈, 이에는 이'로 맞서는 것은 좋은 방법이 아니다. 나는 아베 총리처럼 갈등을 고조시키는 방법 대신 일단 중국 측과 만나 조정을 요구하기로 했다. 그래서 2013년 11월 28일 서울에서 열리는 제3차 한·중 국방 전략대화에서 양국 대표가 만나 담판을 짓기로 했다.

중국과의 조정은 조정대로 진행하되 나는 한편으로는 이참에 이어도뿐 아니라 마라도와 홍도까지 카디즈에 모두 포함시키는 방법을 추진할 수도 있겠다고 생각했다. 특히 제주도 남쪽에 있는 이어도와 마라도는 중국의 방공식별구역뿐 아니라 일본의 방공식별구역에도 포함된 만큼 이번에 확실히 챙겨야겠다고 마음먹었다.

하지만 결정을 내리기 전 일단 참모진의 의견을 들어보기로 했다. 중국과의 국방 전략대화 하루 전이었다. 의견은 엇갈렸다. 외교부와 안보실은 유감을 표명하는 정도로 마무리하고 더는 갈등을 키우지 않도록 관리하는 편이 낫다는 입장이었다. 이런 의견을 내놓은 것은 두 가지 측면을 고려해서였다.

하나는 조 바이든 당시 미국 부통령이 동아시아를 방문 중이었는데, 미국은 이 기간에 자칫 동북아 갈등이 고조된다면 바이든 부통령의 방문 성과가 가려질 수 있다는 점을 우려한다는 것이었다.

다른 하나는 중국에 이어 우리가 카디즈를 확장할 경우 중국과의 마찰이 불가피하고 무역 제재 등이 뒤따를 수도 있으며, 일본도 자극을 받아 자디즈를 더 확장할 수 있다는 점이었다.

반면 국방부에서는 이번 기회에 중국과의 마찰을 감수하더라도 이어도 등을 우리 영역으로 확실하게 챙겨야 한다는 의견을 내놓았다. 양쪽 의견 모두 일리가 있었기 때문에 쉽게 결정을 내릴 수가 없었다.

●

밤샘 고민 끝 '카디즈 확대' 강공…
당황한 중국

나는 쉽게 결심을 내리지 못하고 밤새 고민을 거듭했다. 최종 결정을 내린 것은 중국 측과 회의가 열린 당일인 11월 28일 오전 6시쯤이었다. 나는 중국과의 협상을 담당한 백승주 국방차관에게 전화를 걸어 일단 중국 측에 차디즈 구역에서 이어도를 제외할 것을 요구하고, 그와 동시에 우리도 카디즈를 확대해 이어도와 마라도까지 포함하겠다는 의사를 전달하라고 지시했다. 국방부는 당초 맞불 대응을 해야 한다는 입장이었지만, 막상 내가 강공으로 나가기로 하자 백 차관은 조금 놀란 눈치였다. 그는 처음에 "네?"라고 되묻더니 곧 "알겠습니다"라고 답했다.

몇 시간 뒤 백승주 차관과 왕관중 중국 인민해방군 부참모부장의 회의(국방부 대회의실)가 중간에 결렬됐다는 보고를 받았다. 중국은 우리 측 요구를 공식 거부했고, 백 차관도 내 지시대로 카디즈의 확장 방침을 전달했던 것이다. 나중에 들어 보니 중국 측은 우리가 그 자리에서 카디즈를 확장하겠다고 통보할 줄 몰랐기 때문에 퍽 당황하며 회의장을 서둘러 나가 버렸다고 한다. 중국은 우리가 항의 표시 정도로 끝낼 거라고 예상했던 모양이다. 백 차관에 따르면 이들은 만찬 자리에서 건배사를 하면서 차디즈 확장의 당위성과 카디즈 확장에 대한 문제를 한참 이야기하더니 그것을 공식 회의 자료에 넣어 달라고 요구했다고 한다. 정작 공식 회의에선 우리의 카디즈 확장 방침에 제대로 대응하지 못한 것을 덮고 싶었던 것이다.

한편 미국은 우리의 결정에 동의했다. 미국은 성 김 주한 미국대사를 통해 우리의 카디즈 확장 구상에 동의한다는 입장을 전하면서, 다만 바이든 부통령이 아시아 순방을 마칠 때까지 이를 공론화하지 않는 로 키(Low key) 모드를 유지해 달라고 요청했다. 우리의 카디즈 확장 발표 시기를 뒤로 미뤄 달라는 의미였다. 외교부의 예상대로였다. 그래서 카디즈의 확장은 바이든 부통령이 아시아 순방을 마친 뒤인 2013년 12월 8일 공식 발표했다.

이로써 카디즈는 62년 만에 재설정됐다. 1951년 설정 당시 빠져 있던 이어도와 1994년 영해 개념이 3해리에서 12해리로 늘어나면서 일부 빠져 있던 마라도와 홍도의 영공 모두를 카디즈에 넣을 수 있었다. 국가의 영역은 영토만 있는 것이 아니다. 영공과 영해도 영토 못지않게 중요한 영역이다. 임기 중에 국가의 영역을 한층 더 확보했다는 점이 흡족했다. 우리 영토와 영해, 영공은 우리가 챙겨야지 남이 챙겨주는 것이 아니다.

특히 최근 대만해협을 둘러싸고 국제 갈등과 신냉전 분위기가 고조되는 요즘, 나는 이때 카디즈를 확장해 마라도와 이어도를 챙긴 것은 참 다행이었다는 생각을 새삼 하게 된다.

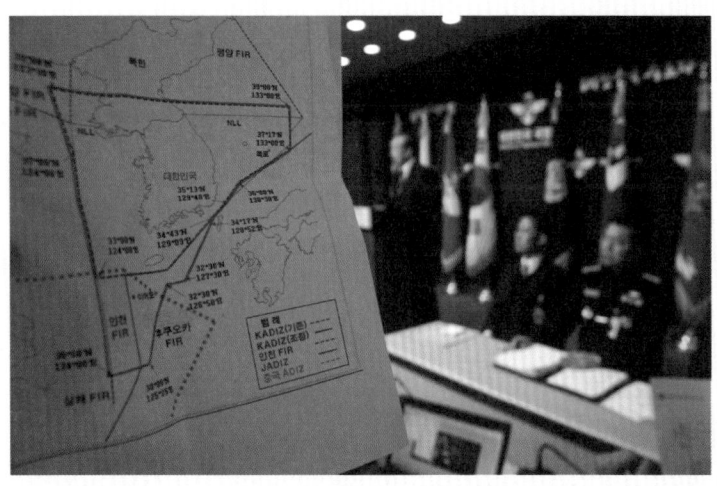

장혁 국방부 정책기획관이 2013년 12월 8일 서울 국방부 브리핑실에서 마라도와 홍도를 비롯, 이어도까지 포함한 한국 방공식별구역(카디즈) 지정에 대한 기자들의 질문에 답하고 있다.(위)

중·러 군용기 카디즈 진입 이튿날인 2022년 12월 1일 실사격 훈련 중인 미 제8전투비행단의 F-16 전투기.(아래)

"이게 가능하겠나"
文도 유승민도 반대한 보라매

북한의 거듭된 도발 와중에 내가 임기 중 꼭 추진해야겠다고 마음먹은 것 중 하나가 차세대 전투기(KF-X), '보라매' 사업이다. 김영삼 정부 때부터 몇 차례 시도했다가 예산과 기술 문제로 계속 다음 정부로 미뤄지면서 결국 내 임기까지 온 것이다.

당연히 국가 안보에 꼭 필요한 사업이라고 생각했지만, 막상 이를 추진하겠다고 하자 반대가 극심했다. 당시 제1 야당이었던 새정치민주연합의 문재인 의원은 2015년 10월 30일 국회 국방위원회 회의에서 "지금 이 사업은 계획을 재검토해야 하지 않느냐"(미국이 핵심 기술을 넘겨주지 않는데) '우리가 자체적으로 개발해서 할 수 있다'면서 얼렁뚱땅 넘어가려 해서야 어떻게 가능하겠냐"며 반대 입장을 냈다.

야당의 반대는 어느 정도 예상했지만, 여당인 새누리당 내에서도 일부 의원이 부정적인 목소리를 냈다. 기술도 없는데 돈만 퍼붓는다는 것이다. 국방위원장이던 정두언 의원은 "미국도 10년 걸리고 프랑스도 15년 걸리고 유로파이터도 10년 이상씩 걸리는데, 우리는 뭐가 그렇게 훌륭해서 몇 년에 뚝딱 다 한다는 얘기냐"(2015년 10월 30일 국방위)고 힐난했다. 같은 회의에서 유승민 의원도 "방위사업청과 국방과학연구소, 공군 등 막대한 예산을 쓰는 사람들이 요지부동으로 대통령까지 속여가면서 이런다"며 실현성이 없는 사업을 '군피아'에 속은 대통령이 무리하게 끌고 가는 것처럼 주장하기도 했다. 유승민 의원은 2013년 국방위원장 시절에도 언론 인터뷰에서 "완전히 초기 단계에서 시작해 새로운 전투기를 만드는 것은 돈도 너무 많이 들고 기술적으로 성공 가능성도 불투명하다. 개발 이후 양산과 보수까지 감안하면 차라리 직구매하는 것이 맞다"며 사실상 백지화를 거론하기도 했다.

이렇게 여당 내 주요 인사까지 반대하니 추진하기가 여간 어려운 게 아니었다. 언론도 여권 내부의 반대 목소리에 주목하는 분위기였다. 이들이 반대한 가장 큰 이유는 당시 미국 정부가 핵심 4대 기술 이전을 막았기 때문이다. 원래는 록히드마틴사의 F-35를 구매하는 대가로 4대 핵심기술을 이전받아

보라매 사업을 진행한다는 계획이었는데, 미 의회가 강력히 반대하고 나서면서 애초 계획이 어긋나 버렸다. 차세대 전투기를 개발하려면 4대 기술 즉, 능동위상배열 레이더(AESA), 전자파 방해장비(RF 재머), 전자광학 표적추적장비(EOTGP), 적외선탐색 추적장비(IRST)가 핵심이다. 차세대 전투기에는 이 기술들이 포함되지 않으면 무용지물이나 다름없다.

그래서 나는 방위사업청장과 국방과학연구소장을 모두 만나서 직접 의견을 들어보기로 했다. 주변의 회의적 시각과는 달리 이들은 "4대 기술의 자체 개발이 가능하다"고 힘주어 말했다. 나 역시 우리나라가 이만큼 발전했는데, 언제까지 외국에서 기술을 안 준다고 벌벌 떨 수만은 없는 것 아닌가, 할 수만 있다면 시간이나 비용이 다소 들더라도 사업을 추진하는 게 맞겠다는 확신이 생겼다. 그래서 이들에게 "여러분들의 보고를 믿고 갈 테니 차질 없이 추진해 주세요"라고 당부했다.

그럼에도 국회는 여전히 부정적이었다. 논란이 거세던 2015년 말 보라매 사업의 예산 규모는 방사청이 요구한 1618억 원에서 670억 원으로 대폭 삭감됐다. 그러자 사업성을 우려한 산업은행이 투자금 회수를 보장받을 수 있도록 계약 조건을 변경하라고 요구하면서 상황은 더욱 어려워졌다. 이럴 때가 아닌데… 나는 속이 탔다. 참모들에게 보라매 사업 스케줄을 다시 한번 확실히 챙겨보라고 지시했다.

동시에 보라매 사업을 내 임기 내에 빈틈없이 추진하겠다는 의지도 더욱 확고해졌다. 그러나 이듬해 하반기에 예기치 않게 내가 대통령직에서 물러나게 되면서 보라매 사업이 다시 한번 위기를 맞기도 했다. 이른바 '최순실 사태'가 불거지자 특검과 야당 일각에서는 보라매 사업을 최 씨와 엮으면서 마치 막대한 사업비가 사적으로 유용된 것처럼 의혹을 제기하기도 했다. 결국 이것은 사실무근으로 판명됐지만, KF-21 신형 한국형 전투기가 출고되기까지는 여러 난관을 거쳐야 했다.

●

옥중에서 들은 KF-21 출고식…
감개무량했다

2021년 4월 9일 경남 사천시 한국항공우주산업 생산공장에서 KF-21의 시제기(개발을 위해 제작한 시험용 항공기) 출고식이 열렸다. 방위사업청과 국방과학연구소가 약속한 대로 설계부터 생산까지 우리 손으로 만든 최초의 전투기였다. 당시 나는 옥중에서 그 소식을 들었다.

내가 보라매 사업을 추진하겠다고 나섰을 당시 '현실성이 없다'며 반대했던 문재인 대통령이 이날 출고식에 참석했다. 그는 "우리가 독자 개발한 한국형 차세대 전투기 KF-21의 시제기가 드디어 늠름한 위용을 드러냈다. 우리가 우리의 기술로 만든 우리의 첨단 전투기다"라며 관계자들을 치하했다고 한다.

출고식 뉴스를 접하면서 무수한 반대에 부닥쳤던 이 사업을 내가 끝까지 포기하지 않고 추진했던 게 정말 다행이었다는 생각을 했다. 우리가 우리 기술로 개발했고, 이제는 해외에서도 상당히 주목을 받고 있다고 하니 감개가 무량하다는 표현은 이런 때 쓰는 말인가 싶다.

KF-21(보라매) 사업

KF-21(보라매) 사업은 한국 최초로 스텔스 기능을 갖춘 4.5세대 초음속 전투기를 개발한 사업이다. 당초 김대중 정부에서 최신예 국산 전투기 개발을 선언했으나 예산 및 기술 등의 문제로 보류되다가 박근혜 정부에서 체계 개발을 승인하면서 개발 사업이 본격화됐다. 문재인 정부 시절인 2021년 4월 사천공항에서 출고식을 가지며 처음으로 세상에 공개됐으며, 2022년 7월 시제 1호기를 시작으로 2023년 6월 시제 6호기의 비행까지 성공했다. 2023년 5월 잠정 전투용 적합 판정을 받았다. 윤석열 정부는 2024년도 예산에 KF-21 첫 양산사업으로 2387억 원을 책정했다. 이에 따라 제작사인 한국항공우주산업(KAI)은 2024년부터 본격 양산에 착수해 2026~2028년 초도 물량 40대를, 2032년까지 80대를 추가로 공군에 인도할 계획이다.

지소미아,
대통령으로서 마지막 결단

내가 대통령에 취임할 무렵 한국의 미래를 위해 임기 중에 반드시 실현하겠다고 작심한 사안이 몇 가지가 있었는데, 한·일 간의 군사정보보호협정(GSOMIA·General Security of Military Information Agreement, 지소미아)이 그중 하나였다.

2016년 3월 31일(현지시간) 워싱턴에서 열린 한·미·일 3국 정상회의는 북한의 4차 핵실험(2016년 1월 6일)이 얼마 지나지 않은 때여서 분위기가 무거웠다. 북핵을 억제하기 위해 세 나라가 어떻게 조율하고 공조할 것이냐에 초점이 모아질 수밖에 없었다.

●

"北 도발 억지에 필수"
지소미아 팔 걷어붙인 오바마

이날 미국 버락 오바마 대통령은 "북한의 도발 억지를 위해서는 한·미·일 3국 간에 긴밀한 안보 협력이 필수"라고 힘주어 강조했다. 한·일 지소미아의 필요성을 언급한 것이었다. 사실 미국 측이 한·일 양국의 지소미아를 권한 것은 당시가 처음은 아니었다. 내가 대통령으로 당선된 뒤 미국 측에선 이런저런 채널을 통해 이를 권유했다. 일본도 한·일 지소미아를 원했지만 보다 적극적인 것은 미국이었다.

이유가 있었다. 미국과 일본은 이미 지소미아를 맺은 상태였다. 미국도 동아시아 안보와 관련해서는 일본의 정보기술에 많이 의존했다. 일본이 가진 장비는 군사정보 위성 8개, 1000km 밖의 탄도미사일을 탐지할 수 있는 레이더를 탑재한 이지스함 6척, 탐지거리 1000km 이상 지상 레이더 4기, 공중

조기경보기 17대 등이었는데, 이를 통해 파악한 정보 중에서는 북한 핵, 미사일, 잠수함 동향 등 우리 안보와 직결되는 것이 많았다. 미국 입장에서는 이것을 한국에 빨리 알려줘서 공동으로 대응해야 하는데, 문제는 지소미아를 체결한 양국 간 공유 정보는 제3자 제공이 금지된다는 점이었다. 핵실험과 장거리미사일 발사 등 북한의 도발 위협이 고조되는 상황에서 한·일 지소미아는 분명 필요했다. 1980년대에는 역으로 노태우 정부가 일본에 요청했지만 일본이 거부한 적도 있었다. 물론 우리만 일방적으로 수혜를 입는 게 아니다. 납북 일본인의 동향 등에 관심이 많은 일본은 우리 정부의 휴민트(인적 네트워크)가 습득한 정보에 관심이 많았다.

하지만 한·일 지소미아는 위안부 합의만큼이나 정치적 부담이 큰 이슈였다. 일본에 국권을 빼앗긴 경험이 있기 때문에 한국에서 일본과의 군사협력은 거론하기 힘든 금기였다. 앞서 이명박 정부도 국익을 앞세워 속전속결로 한·일 지소미아를 추진하다가 여론의 거센 반발에 부닥치며 뜻을 접어야 했다. 나는 무리하게 지소미아를 강행하기보다는 2014년 한·미·일 정보공유 약정(TISA)을 체결해 지소미아를 대체하는 쪽을 택했다. 한국과 일본이 제공하는 정보를 미국이 상대방에게 공유할 수 있도록 하는 것이 골자다. 하지만 일본 측은 "한국을 믿고 정보를 제공하려면 협정으로 격을 높여야 한다"고 주장했고, 미국도 "매번 한국에 이 정보를 줘도 되는지 일본에 허락을 받아야 하고, 그 외에도 복잡한 절차가 많다"며 고도화되는 북한 도발에 신속히 대처하기 위해서는 한·일 간 지소미아가 필요하다는 입장이었다.

나도 한·일 지소미아가 필요하다는 점은 확실히 인식하고 있었다. 다만 이 문제를 신중히 다뤄야 했다. 야당이 국회 동의를 요구하며 협정에 반대하고, 일본과의 직접적인 군사협력을 부정적으로 바라보는 국민 여론이 상당했기 때문이다. 그렇지 않아도 2015년 위안부 협상을 놓고 야당 측의 반발이 거센 마당에 지소미아 문제를 그냥 밀어붙일 수는 없고, 국민들과 공감대를 넓히는 과정이 필요했다.

한·미·일 3국 정상회의 후 미국과 일본 측의 지소미아 요청에 대한 우리 입장을 묻는 기자들에게 청와대는 "과거 이명박 정부에서 추진하다 중단된 경위가 있다. 협정을 체결하려면 환경 조성이 먼저 필요하다는 것이 기본 입장"이라고 답했다. 이런 기조는 이후에도 계속 이어졌다.

•

순방 중 터진 北 5차 핵실험…
지소미아 방아쇠 당겼다

그러나 이런 흐름이 바뀌게 된 결정적 시점은 라오스 순방 중이던 2016년 9월 9일이다. 이날 오후 1시 30분 북한이 전격적으로 5차 핵실험을 감행한 것이다. 나는 라오스 수도 비엔티안에서 이 소식을 듣자마자 남은 일정을 취소하고 급히 귀국했다. 돌아오는 전용기 안에서 여러 가지 상념에 잠겼다. 나는 취임 후 북한에 대해 한반도 신뢰 프로세스를 제안하며 핵을 포기하면 공동 번영할 수 있다는 메시지를 수차례 보냈다. 하지만 돌아온 것은 핵실험뿐이었다. 거기에 잠수함 탄도미사일 등 북한 도발은 점점 고도화되고 있었다. 앞선 김정일 시대 18년보다 김정은 집권 이후 도발 횟수가 더 많았다. 북한 관련 군사정보를 신속히 파악하고 주변국과 교환해야 할 일이 증가할 텐데 한·일 지소미아 문제를 더는 미뤄서는 안 되겠다는 생각이 들었다.

청와대에 돌아와서 참모진과 논의한 뒤 나는 한민구 국방부 장관에게 한·일 지소미아를 추진하라고 지시했다. 이렇게 말하면 북한의 5차 핵실험 때문에 충동적인 결정을 내린 것처럼 오해할 수도 있겠다. 하지만 사실 한·일 지소미아는 그동안 오랜 기간에 걸쳐 관련 전문가들과 참모진이 많이 연구하고 의논해 언젠가는 반드시 해야 한다는 결론은 내려진 상태였다. 다만 시기가 문제였을 따름이다.

국방부는 2016년 10월 27일 한·일 지소미아 추진 사실을 정식으로 발표했다. 예상했던 대로 야당과 시민단체의 반대가 거셌다. 일본군의 침공을 허용했다는 식의 험한 얘기들이 쏟아졌다. 그 무렵 소위 '최순실 사태'까지 터져 정국이 극도로 혼란스러워졌다. 안 그래도 추진하기 쉽지 않은 사안인데 엎친 데 덮친 격이었다.

11월엔 국회에서 야당을 중심으로 나에 대한 탄핵 얘기가 나오기 시작했다. 국회에서 탄핵의 시곗바늘이 돌아가는 와중에도 나는 지소미아를 챙기기 위해 수시로 외교부의 보고를 받고 일본과의 협의 진행 과정을 계속 체크했다. 누가 보면 내

2016년 9월 9일 라오스 순방에서 조기 귀국해 청와대에서 안보상황 점검회의를 소집하여 북한의 5차 핵실험 대책을 논의했다.

가 제정신이 아니라고 생각했을지도 모르겠다. 가뜩이나 코너에 몰려 있는 대통령이 인기 없는 정책을 추진하니 말이다. 당시 나도 한·일 지소미아를 처리하는 게 나에게 아무런 정치적 이득이 되지 않는다는 걸 누구보다 잘 알고 있었다. 하지만 중요한 일일수록 해야 할 때를 놓치면 그 모멘텀을 되찾기 힘든 법이다.

국회 탄핵 표결이 어떻게 결론날지 모르겠지만 만약 탄핵된다면 그때는 정말로 이 일을 못하게 될 것 아닌가. 이럴 때일수록 내가 책임지고 처리해야겠다는 결심이 굳어졌다. 오히려 지금 정치적 유불리를 의식해 이것을 해놓지 않는다면 나중에 굉장히 후회할 것 같았다. 대통령이 되지 않으면 할 수 없는 문제들이 있어서 대통령이 된 것인데, 대통령이 유불리를 따지기 시작하면 아무것도 할 수 없다. 또 아무리 생각해봐도 내 이후엔 누구도 이것을 해낼 수 있을 것 같지 않았다.

결국 한·일 지소미아 협정이 2016년 11월 23일 체결됐다. 그리고 얼마 안 있어 국회에서 탄핵안이 통과(12월 9일)됐다. 극도로 어려운 환경 속에서 지소미아를 해내고 물러나니 오히려 마음이 편했다. 한·일 지소미아는 한국의 안보나 미래를 위해 반드시 해내야 하는 과제였다. 그래서 이후에 옥중에서 고초를 겪으면서도 한·일 지소미아를 떠올리면 안도감 내지 위로를 받을 수 있었다. 내가 지소미아를 처리하지 못했다면 옥중에서 계속 그 문제를 걱정했을 것이다. 이상하게 들릴지도 모르겠다. 하지만 대통령이란 위치는 그런 자리다.

●

尹-기시다의 지소미아 정상화,
늦었지만 다행

과거에 아버지께서 큰 결단을 내리실 수밖에 없는 굵직굵직한 일이 많았다. 포항제철 설립, 경부고속도로 건설, 월남 파병 등이다. 당시에도 어마어마한 반대에 부닥쳤는데 이를 무릅쓰고 추진했다. 국익에 도움이 된다는 판단이 섰기 때문이다. 반대 측을 설득하는 노력도 했지만, 그것이 항상 통하는 것은 아니다. 특히 일본이 관련된 사안은 반일감정이 자리하고 있어서 마냥 여론만 따를 순 없다. 대표적인 사례가 한·일 국교 정상화 문제였다.

당시 내가 듣기로 10만 명이 반대 시위를 하며 청와대로 오려고 했다. 아버지는 대통령에 오른 지도 얼마 되지 않았고, 당시 정치적 부담을 따지면 한·일 국교 정상화 추진은 정치인으로서 명백히 손해였다. 하지만 그런 상황 속에서 아버지는 정치적 손실을 기꺼이 감수하고 한·일 국교 정상화를 추진했다. 국익을 위해서였다. 1965년 당시 한국의 1인당 GDP가 105달러였다. 당시 국제사회에서 한국의 위상은 돈을 빌려줬다가 받지 못할 가능성이 큰 나라였다. 그런 나라를 누가 믿고 차관을 주겠는가. 결국 관계 정상화를 통해 일본으로부터 차관을 빌려올 수 있었고, 그것으로 경제 발전의 인프라를 닦았다. 돌이켜보면 그때 아버지가 정치적 부담을 꺼려 한·일 국교 정상화를 안 했으면 어떻게 됐을까. 정치를 시작할 때부터 내 마음속에는 늘 그런 질문이 자리 잡고 있었다. 그러니 내가 한·일 지소미아를 포기했더라면 지금까지도 엄청나게 자책하고 있었을 것 같다.

문재인 정부가 위안부 합의를 사실상 파기한 데 이어 2019년 8월 22일 지소미아마저 연장하지 않기로 했다는 소식을 들었을 때는 안타까움과 함께 큰 우려가 생겼다. 석 달 뒤인 11

월 22일 지소미아를 조건부 연장하는 쪽으로 입장을 선회했다지만 이미 양국의 신뢰는 무너진 뒤였다. 국가 간의 협정을 이렇게 자꾸 뒤집으면 국제적으로 한국의 신뢰도가 깎이는 것은 물론이고, 무엇보다 한·일 간 정보 라인이 끊기면 고도화하는 북한 핵무기에 대응하는 데 당연히 빈틈이 커질 수밖에 없다. 아무리 여야의 생각이 다를 수 있다고 해도 국가 안보에 필수적인 정보 자산까지 포기한다는 것은 도무지 납득이 되지 않았다.

2023년 3월 16일 열린 한·일 정상회담에서 윤석열 대통령과 기시다 후미오(岸田文雄) 일본 총리가 지소미아를 정상화하기로 합의했다는 소식을 듣고 늦었지만 다행이라는 생각이 들었다. 국민의 생명과 직결될 수 있는 국가 안보 문제가 더는 우리 내부의 정치적 논리에 따라 휘둘리는 일이 없어야 한다.

한·일 군사정보보호협정

군사정보보호협정(GSOMIA·지소미아)은 국가 간에 군사기밀을 공유할 수 있도록 맺는 협정이다. 북한의 핵실험과 탄도미사일 도발이 잇따르던 2016년 11월 23일, 박근혜 정부에서 한·일 지소미아를 체결했다.

지소미아를 찬성하는 측에서는 양국의 대북 감시 능력이 각기 다른 분야에서 강점이 있기 때문에 상호 보완을 할 수 있을 것으로 기대한다. 한국은 백두·금강 정찰기를 통해 평양 이남의 북한 군사시설에서 발신되는 무선 통신을 감청하고, 영상정보 등을 수집한다. 반면 일본은 정보 수집 위성과 탄도미사일을 탐지할 수 있는 레이더를 탑재한 이지스함, 해상 초계기 등을 보유하고 있다.

지소미아는 1년 단위로 자동 연장되는데, 연장 시한 90일 전 어느 쪽이든 파기 의사를 서면 통보하면 종료된다. 문재인 정부 시절 일본이 화이트리스트(수출심사 우대국)에서 한국을 제외하자 문재인 정부는 지소미아를 연장하지 않기로 2019년 8월 22일 결정했다. 하지만 2019년 11월 22일 정부는 지소미아를 조건부 연장하는 쪽으로 선회했다.

이후 2023년 3월 16일 한·일 정상회담에서 윤석열 대통령과 기시다 후미오 일본 총리는 지소미아를 정상화하기로 합의했다.

영국, 프랑스, 러시아와
이란, 아프리카

한국의 경제 영토를 넓히고, 북핵 문제를 온전히 해결하기 위해서는 세계 각국과 긴밀한 연대를 맺는 일이 절실하다. 외교 무대에서 다양한 국가의 정상들과 마주할 때면 국가를 대표한다는 책임감에 어깨가 무거워지곤 했다.

블라디미르 푸틴 러시아 대통령은 러시아·우크라이나 전쟁 때문에 세계적인 비판을 받고 있고, 한국과도 우크라이나에 대한 지원 문제 때문에 불편한 관계가 됐다. 하지만 내 재임 당시에는 러시아와의 관계가 나쁘지는 않았다.

푸틴 대통령과는 2013년 9월 6일 러시아 상트페테르부르크에서 열린 G20 정상회의에서 처음 만났다. 주최자인 푸틴 대통령은 눈코 뜰 새 없이 바빠 보였다. 참석국 정상 및 국제기구 관계자들과 이야기를 나누느라 회의장을 여기저기 분주하게 오갔고 제대로 대화하기도 쉽지 않았다.

그런데 푸틴 대통령은 나와의 정상회담을 가장 마지막 순서로 미뤘다. 뭔가 충분히 시간을 두고 논의하고 싶은 사안이 있는 것 아닌가 하는 느낌이 들었다. 그때 러시아 측에서 이야기를 듣고 온 우리 측 관계자가 난감한 표정으로 내게 귀띔을 했다.

"푸틴 대통령이 따질 게 아주 많다면서 벼르고 있다고 합니다. 이전 정부에서 약속한 것 중에 아직 이행을 못 한 것이 많다고 감정이 쌓여있다고 하는데, 미리 아셔야 할 것 같습니다."

첫 만남부터 따질 일이 많다니 마음 한구석에서 걱정도 들었지만, 진솔한 대화를 나누면 해결하지 못할 것은 없을 것이라고 생각했다. 회담 장소에서 만난 푸틴 대통령은 인사를 나눈 후 준비해온 서류철을 넘기면서 그간 한국 측에서 이행하지 못한 국가 간 약속이나 프로젝트 등을 내게 설명했다.

"이것도 지난번에 한국에서 약속한 분야인데, 장기간 이행이 안 되고 있습니다. 또 다음에는….."

푸틴 대통령이 문서를 한장 한장 직접 넘기면서 내게 따지듯 이야기를 했다. 펜과 노트를 들어 체크하면서 내용을 살펴봤는데, 현실적으로 한국에서 이행하기가 어려운 약속도 있었다. 이야기를 다 들은 후 푸틴 대통령에게 내가 말했다.

"푸틴 대통령의 설명은 잘 들었습니다. 이제 국가 간에 신의를 바탕으로 솔직하게 이야기하고 문제를 풀어나가야 할 것 같습니다. 지금 설명한 사안을 보면 충분히 정부에서 약속을 이행할 수 있는 것도 있지만, 몇 가지는 현실적으로 어려울 것 같습니다."

나는 그러면서 현장에서 관계자들과 직접 상의를 거쳐 푸틴 대통령에게 몇 가지 대안을 제시했다. 러시아에 득이 될 수 있으면서 우리 기업에도 기회가 되는 쪽으로 새로운 대안을 내놓자 푸틴 대통령의 표정도 환하게 풀렸다. 회담 말미에는 서로 농담도 오갈 정도로 부드러운 분위기로 바뀌었다. 자리에서 일어서는데 당시 회담에 배석했던 러시아 고위 관계자가 입을 열었다.

"푸틴 대통령께서 올해 11월에 방한하기로 돼 있는데, 오늘 박 대통령과 이야기가 너무 잘 돼서 한국을 굳이 방문하지 않으셔도 될 것 같습니다."

이 관계자의 한마디에 나와 푸틴 대통령은 물론 현장 전체가 웃음바다가 됐다. 자칫하면 양국의 사이가 벌어질 수도 있었던 위기를 기회로 바꾼 덕분일까. 러시아와의 관계는 그 이후 여러모로 좋은 방향으로 흘러갔다.

약 두 달 뒤인 2013년 11월 13일 방한한 푸틴 대통령은 북한 문제를 두고 적극적으로 한국의 손을 들어줬다. 청와대 정상회담 직후 푸틴 대통령과 나는 "양국은 국제사회의 요구와 유엔 안보리 관련 결의에 반하는 평양의 독자적인 핵·미사일 능력 구축 노선을 용인할 수 없음을 확인하고, 북한이 핵확산금지조약(NPT)에 따라 핵보유국 지위를 가질 수 없음을 강조했다"고 공동 발표했다. 러시아 측에서 북핵을 반대하면서 '평양'을 직접 거론하고, 북한이 핵보유국 지위를 가질 수 없다고 명시적으로 언급한 것은 처음 있는 일이었다.

푸틴 대통령과의 회담이 화기애애한 분위기 속에서 진행돼 예정보다 늦어지면서 공식 오찬을 오후 4시 47분부터 시작하는 웃지 못할 일도 벌어졌다. 회담에 참석한 양국 관계자들 배에서 꼬르륵 소리가 다 날 정도였다. 내가 "점심, 저녁을 함께 먹게 되는 것 같다"고 말을 건네자, 푸틴 대통령이 웃으면서 "어쨌든 굶지 않고 먹는 게 중요합니다"라고 유머러스하게 대답해서 웃었던 기억이 난다.

이처럼 러시아와의 거리감이 좁혀지자 푸틴 대통령도 더욱 호의적인 태도를 보였다. 국제 정상회의에서 나를 발견하면 먼저 다가와 반갑게 인사를 건네기도 했다. 소련 국가안보국(KGB) 출신인 푸틴 대통령을 두고 차갑거나 날카롭다는 세간의 평가가 있지만, 실제로 대화해보면 그는 정중하게 상대를

354

대한다는 인상을 받았다. 2014년 새해에 푸틴 대통령이 보낸 선물이 청와대에 도착해 포장을 풀어봤는데, 러시아 전통 인형인 '마트료시카'가 들어 있었다. 2013년 11월 푸틴 대통령이 방한했을 때, 내가 러시아 문화 이야기를 언급하면서 마트료시카를 언급한 일이 있는데, 그것을 기억하고 선물로 준 것이다.

2016년 9월 3일 러시아 블라디보스토크 방문 당시 일화도 기억에 남는다. 당시 정상 업무 오찬이 끝난 뒤 푸틴 대통령이 내게 "깜짝 선물이 있다"며 '총화전진(總和前進, 모두가 화합해 앞으로 나아가자는 의미)'이라고 적힌 아버지의 휘호를 선물로 줬다. 1979년 아버지가 마지막으로 쓰신 신년 휘호인데, 아버지가 돌아가신 뒤 어디론가 사라진 터였다. 그 휘호를 푸틴 대통령으로부터 선물 받으니 반가우면서도 어떻게 얻었을까 궁금했다. 알고 보니 러시아 측이 손발을 걷어붙이고 미술품 시장에서 아버지의 휘호를 찾아 구매했다고 한다. 선물에는 원본임을 증명하는 증명서까지 동봉돼 있었다. 푸틴 대통령은 "박정희 전 대통령이 타계하신 후 미국에 이민 간 한국 측 사람이 미술품 시장에 내놓았던 것을 우리가 특별히 샀습니다. 내가 알기로는 세상에 하나밖에 없는 진본입니다"라고 설명했다.

러시아와의 관계가 개선되면서 북핵 공조도 수월해졌다. 그해 9월 24일 러시아의 세르게이 라브로프 외무장관이 미국 뉴욕에서 열린 유엔총회 기조연설에서 "북한이 핵·미사일 프로그램을 포기하고 핵확산금지조약(NPT) 체제로 돌아올 것을 촉구한다"고 압박하기도 했다.

러시아는 역사적으로나 체제 면에서 우리와 가까워지기 쉽지 않은 나라였다. 하지만 임기 동안 러시아와 신뢰를 바탕으로 협력하면서 관계가 상당히 개선됐다고 생각한다. 최근 우크라이나 전쟁 때문에 러시아를 둘러싼 국제 형세가 악화일로로 치닫는 게 안타깝다.

•

프랑스, 영국, 독일

지금도 프랑스를 떠올릴 때면 묘한 기분이 되곤 한다. 가슴 뛰면서도 동시에 슬픔이 공존하는 감정이라고 할까.

나는 아버지 재임 시절인 1974년 3월 프랑스 그로노블 대

2016년 6월 4일 프랑스를 국빈 방문한 나는 42년 전 그로노블 유학 당시 하숙집 주인의 딸이었던 자클린 꾸르뚜 씨를 만났다.

학에 유학을 갔다. 그 지역의 한 하숙집에 묵으면서 공부하다가 어머니가 돌아가셨다는 소식을 듣고 충격 속에 귀국했다. 그로부터 약 42년 뒤인 2016년 6월, 나는 프랑스를 국빈 방문했다. 당시 예정된 빡빡한 일정 중 그로노블 지역에 있는 에어리퀴드사의 수소 전기차 연구소를 방문하는 일정이 내 눈에 들어왔다. 수도 파리에서 일정을 마치고, 그로노블로 향하는데 나도 모르게 옛 생각에 잠겼다.

2016년의 그로노블은 유학생 시절 내가 머물던 그로노블과는 많이 달라져 있었다. 유학 시절의 내 기억 속 그로노블은 아담하고 아름다운 도시였다. 그런데 이제는 신재생 에너지와 나노 기술 등 각종 첨단 연구시설을 보유한 유럽의 대표적인 과학 도시가 돼 있었다.

나는 그로노블에서 우리 현대자동차와 프랑스 에어리퀴드사가 협력해 시범 운행 중인 수소차 택시를 탑승했다. 프랑스 한복판에서 우리 기업과 프랑스 기업이 합작한 수소차 택시를 타고 이동하니 감회가 새로웠고 뿌듯했다. 나는 현지 및 우리 기업 관계자들에게 "한국 수소차 생산 기술과 프랑스 충전기술을 접목해서 세계 수소차 시장을 선도해나가자"고 독려했다.

특히 그로노블 대학 측에서는 급거 귀국하면서 미처 받지 못했던 어학연수 수료증을 액자에 넣어 내게 전달했다. 나는 "42년 만에 수료증을 받는 일은 세계적으로도 드물 것 같다"고 대학 측에 감사를 표했다. 나도 모르게 옛 기억에 젖어 콧잔등이 시큰해졌다.

공식 일정을 마치고 예전에 살던 하숙집 인근을 잠시 둘러보기도 했다. 이미 다른 사람이 살고 있어서 내부에는 들어가지 못했지만, 하숙집 입구와 현관 계단, 문 등이 42년 전과 그대로여서 신기하면서도 추억이 물밀 듯이 밀려왔다. 친절했던 하숙집 주인인 이본느 꾸르뚜 씨의 딸이 나와 동행해 추억을 나눴다. 딸은 프랑스 방문 전 내게 편지를 보내기도 했는데, 이런 내용이었다.

"박 대통령은 유학 당시 우리에게 한국의 전통에 대해 알려주고, 한국 요리도 맛볼 수 있게 해줬습니다. 대통령이 갑자기 떠나게 돼 슬펐고, 당시 제 어머니는 육영수 여사의 서거 소식에 쓰러질 지경이었는데, 오히려 박 대통령이 어머니를 위로했습니다."

프랑스의 프랑수아 올랑드 대통령과도 참 가까운 관계였다. 북한이 핵실험을 하거나 문제를 일으키면 올랑드 대통령은 적극적으로 소매를 걷어붙이고 북한을 강하게 비판했다. 미국의 대북 제재 기조에도 적극적으로 협력했던 기억이 난다.

2016년 6월 프랑스를 방문했을 때 엘리제 궁에서 열린 만찬에서 올랑드 대통령은 북한 문제에 협력할 것을 약속하며 이렇게 말했다.

"지금 북한은 국제사회의 평화와 한국의 안전을 위협하는 핵실험과 미사일 발사 등으로 협박과 도발을 일삼고 있습니다. 북한의 확인 가능하고 돌이킬 수 없는 핵 폐기가 절대 우선입니다. 박 대통령님, 앞으로 한국은 프랑스의 전폭적인 지지를 기대해도 좋습니다."

이런 올랑드 대통령에게 나도 "프랑스가 우방 중에 우방 같습니다. 너무나도 든든합니다"라고 화답했던 기억이 난다.

프랑스가 한류에 열광한 것도 신선한 충격이었다. 2013년 11월 3일 프랑스를 방문했을 때였다. 파리 현지의 한류 팬클

럽인 '봉주르 코레'가 주최한 '한국 드라마 파티' 행사 초대를 받아 참석했는데, 그해 K팝 콘테스트 우승자 데보라 시베라 씨가 드라마 '해를 품은 달'의 주제가를 열창하는 모습을 보면서 양국 젊은이들이 문화로 긴밀히 연결되고 있다는 것을 눈으로 직접 확인할 수 있었다. 그래서 나는 '봉주르 코레' 임원단과의 간담회에서 "문화는 상대를 이해하고 공감을 이루는 첫걸음이 되기도 하고, 서로 잘 몰랐던 국민끼리도 하나로 큰 공감대를 이루게 하는 놀라운 힘을 가지고 있다고 생각한다" 라고 말했다.

나는 대통령에 취임하면서 내걸었던 4대 국정 기조 중에서 '창조경제'와 '문화융성'은 따로 가는 것이 아니라 함께 움직이는 것이라고 기회가 있을 때마다 강조하곤 했다. 그 대표적인 예가 2016년 프랑스 국빈 방문에 맞춰 프랑스 파리에서 열린 'K콘(K-Con)'이었다. 한·불 수교 130주년을 기념하는 행사이기도 했다.

2016년 6월 2일 프랑스 파리 아코르호텔 아레나에서 열린 K콘에는 1만 3000명의 유럽 한류팬이 모여들었다. CJ E&M이 주최한 이 행사에는 샤이니, 방탄소년단, FT 아일랜드, 블랙비, f(x), I.O.I 등 당시 한류를 이끄는 인기 그룹이 대거 출동했다.

행사 두 달 전인 4월 콘서트 입장권이 발매됐는데 3시간 만에 1만 석이 매진되고 추가로 마련된 2500석도 1시간 만에 모두 팔렸다고 한다. 또, 입장권은 프랑스뿐 아니라 영국, 네덜란드, 독일, 스페인, 벨기에 등 주변의 다양한 유럽 국가에서 판매됐다고 들었다. 실제로 이날 공연장에는 독일, 영국, 스페인 등 다양한 나라의 국기를 든 사람들이 보였다.

그런데 하필이면 공연 당일은 비가 오락가락하고 바람이 부는 쌀쌀한 날씨였다. 이날 콘서트장에 들른 마뉘엘 발스 프랑스 총리가 급히 홍수 현장에 갈 일이 생겨 도중에 자리에서 일어났을 정도였다. 그럼에도 불구하고 관람객들은 공연 시작 4~5시간 전부터 공연장 주변에서 긴 줄을 늘어선 채 K팝 노래를 따라 부르거나 춤을 추며 입장을 기다리고 있었다. 스탠딩석을 구입한 사람은 조금이라도 앞에서 보기 위해 공연장 인근에서 노숙까지 했다고 들었다.

나도 이날 객석에서 함께 관람했는데, 이들의 반응은 한국 못지않게 열광적이었다. 객석에서 유럽의 젊은이들이 유창한 한국어와 숙련된 몸짓으로 K팝 노래와 춤을 따라 하는 것을 보면서 무척 자랑스럽고 뿌듯했다.

이날 공연은 K팝 가수들이 '아리랑'을 현대적으로 해석해 각자의 색깔대로 부르면서 시작됐다. K팝 가수들이 하나둘 무대에 등장할 때마다 객석에서는 이들의 그룹명이나 멤버 이름을 소리쳐 부르는 등 뜨거운 반응을 보였다.

공연장 외부에는 K푸드, K뷰티 등의 전시 체험존이 마련되어 있었다. 나는 공연 전 30분 정도 이곳을 둘러봤다. 한식 체험존의 모던 한식 레스토랑 '한상'에서 프랑스 요리사의 한식 코스 메뉴 설명을 듣다가 "(한식이) 건강하고 맛있는 음식"이라고 했더니 그는 "정신적으로도 굉장히 좋은 음식으로 에너지도 많이 주는 음식"이라고 맞장구치기도 했다.

또 한식 디저트바 '마시따'에서는 샤이니의 멤버 민호가 '미니 붕어빵'을 시식했다. 나는 "세계적으로 인기를 끄는 샤이니가 이렇게 소개를 하니까, 붕어빵이나 여기 다른 디저트들도 인기가 폭발하지 않을까요?"라고 말했더니 모두 웃었다. 이곳도 공연장 못지않게 유럽의 젊은이들이 많이 모여 시간을 즐기고 있었다. 이것은 '문화융성'과 '창조경제'가 별도의 국정

기조가 아니라는 것을 보여주는 좋은 사례이기도 했다.

나는 이곳에 오기 직전 6월 2일 오후 프랑스 파리 국제대학촌의 한국관(Maison de la Coree) 착공 기념식에 참석해 "전 세계 젊은이들이 함께 어울려 교류하고 소통함으로써 서로를 이해하고 동반자적 관계를 맺을 수 있는 소중한 공간이 되리라고 믿는다"고 말했는데, 이것은 내가 이렇게 세계 곳곳에서 한류의 확산을 직접 목격했기 때문에 할 수 있는 말이기도 했다.

2015년 11월 30일 유엔 기후변화협약 당사국 총회에 참석하기 위해 프랑스 파리를 방문했을 때 테러 참사 현장인 바타클랑 극장을 찾아 희생자를 추모한 일도 기억에 남는다. 그해 11월 13일 이슬람 국가(IS)는 파리 시내 6군데에서 동시다발적으로 테러를 자행했고, 바타클랑 극장 주변에서도 90명의 사망자가 발생했다. 이날 저녁 극장 앞에 도착하니 추모객이 놓아둔 꽃이 쌓여 있었고, 촛불도 여기저기 놓여 있었다. 나는 희생자들을 위해 헌화, 묵념한 뒤 "희생자들에게 애도를 표한다. 우리는 항상 프랑스와 함께할 것이다"라고 말했다.

영국의 데이비드 캐머런 총리 역시 북한 문제가 불거질 때마다 올랑드 대통령 못지않게 한국에 전폭적인 지지를 보냈다.

엘리자베스 2세 영국 여왕 역시 사려 깊고 따뜻한 배려로 감동을 주신 분으로 기억한다. 내가 취임한 해인 2013년 7월 27일 영국의 조지 글로스터 공작이 방한했는데, 엘리자베스 여왕의 친서를 전달했다. 엘리자베스 여왕은 친서에서 "11월 영국에 국빈 방문할 때 박 대통령을 맞이하기를 기대한다"고 적었다. 친서 하단에는 엘리자베스 여왕의 자필 서명이 적혔는데, 힘 있는 필체가 인상적이었다.

그해 11월 5일 런던 버킹엄 궁 인근의 호스가즈 광장에서 열린 영국 왕실의 공식 환영식에서 엘리자베스 여왕과 처음으로 만났다. 엘리자베스 여왕은 당시 87세의 고령인데도, 환영식 준비 상황과 메뉴, 테이블 세팅은 물론 마이크 작동 상황까지 꼼꼼하게 챙기며 세심하게 행사를 준비했다.

이날 오찬장에서는 당시 해외에서 열풍을 일으킨 가수 싸이의 노래 '강남 스타일'이 화제에 올랐다. 내 옆자리에 앉았던 여왕의 3남 에드워드 왕자가 강남 스타일을 언급하면서 "이제 내 다섯 살 아들도 왕궁 안에서 강남 스타일 춤을 춥니다"라며 "강남 스타일이 이제 버킹엄 궁까지 침입한 것 같습니다"라고 웃으며 말을 건넸다. 엘리자베스 여왕도 그 말이 재미있는지 미소를 지었다.

오찬을 마친 뒤에는 엘리자베스 여왕과 영국 왕실의 소장품이 전시된 '픽처 갤러리'를 함께 둘러보기도 했다. 내가 정치적 롤 모델로 삼았던 엘리자베스 1세 초상화가 눈길을 사로잡았다. 내가 그림을 보고 영어로 "매우 아름다우시네요"라고 감탄하자, 엘리자베스 여왕은 친근감의 표시로 내 어깨를 가볍게 두드리며 웃었다.

이후 열린 만찬에서 나는 엘리자베스 여왕으로부터 받은 '바스 대십자 훈장'(Grand Cross of the Order of the Bath)을 착용하고 한복 차림으로 연회장에 들어섰다. 바스 대십자 훈장은 외국인에게 수여 가능한 영국의 최고 훈장이어서 더욱 뜻깊었다.

2022년 9월 8일 엘리자베스 여왕이 서거했다는 소식을 듣고 안타까운 마음으로 애도했다. 영국 방문 때 엘리자베스 여왕이 보여줬던 따뜻하고 사려 깊은 배려는 잊히지 않을 것 같다.

영국에 방문했을 때 한국전 참전기념비 기공식에 참석한 것도 뜻깊은 기억으로 남아 있다. 한국전쟁 당시 영국은 5만

6000여 명의 병사를 파견했고 사상자 및 실종자도 4900여 명에 달했다. 하지만 영국에 따로 세워지지 않았고, 이들을 기릴 방법이 없어서 안타까웠는데 내 영국 방문에 맞춰 2013년 11월 5일 참전기념비 기공식이 열린 것이다. 당시 나는 윌리엄 왕자 등 영국 측 관계자들과 함께 기공식에 참여해 "한국의 자유민주주의와 평화를 수호하는 데 기여한 영국 참전 용사들의 고귀한 희생과 헌신에 감사한다"고 말했다.

독일과도 늘 긴밀한 관계를 이어왔다. 독일과는 여러모로 통하는 면이 많았다. 한국 입장에서는 통일을 경험한 독일의 노하우를 공유할 필요가 있었고, 무엇보다 앙겔라 메르켈 총리와는 여성 정치인으로서 국가 지도자가 됐다는 공감대가 있었다. 메르켈 총리와는 오랜 인연이 있었다. 2000년 내가 한나라당 부총재를 지낼 때 독일 기독민주당의 최초 여성 당수였던 메르켈 총리와 만나 통일을 주제로 이야기를 나누며 처음 만났고, 이후 돈독한 관계를 쌓아 왔다.

2014년 독일을 방문했던 기억이 생생하다. 그해 3월 24~25일 네덜란드 헤이그에서 열린 제3차 핵안보정상회의에 먼저 참석한 뒤, 곧바로 독일로 넘어가 26일 메르켈 총리를 만나는 강행군 일정이 예정돼 있었다.

헤이그에서 만난 메르켈 총리는 "여기 네덜란드에서도 보자마자 곧바로 독일에서도 볼 수 있어서 정말 기쁩니다"라며 반갑게 인사를 건넸다. 이후 독일로 가는 비행기를 탔는데, 빡빡한 일정 탓인지 몸살을 앓았다. 깜깜한 한밤중에 독일에 도착했는데, 독일 측에서 연락이 왔다.

"원래 밤에는 국빈 방문을 환영하는 예포를 쏘지 않는 것이 관례인데, 박 대통령과의 인연을 중시하는 메르켈 총리의 특별 지시로 예포를 쏘기로 했습니다."

정말이지 당시 영국, 프랑스, 독일 같은 주요 유럽 국가들은 피를 나눈 동맹국처럼 우리를 지원하고 도왔다. 북핵 문제로 국제사회의 공조가 절실했던 한국의 입장에선 실로 단비 같은 도움이었다.

이란

외교 무대에 선 대통령에 대한 기억은 때때로 사진이나 영상 같은 강렬한 이미지로 남기도 한다. 2016년 5월 1일 이란을 국빈 방문했을 때 내가 착용한 하얀색 '루싸리'(히잡의 일종)도 언론에 사진이 공개된 뒤 적지 않은 화제를 모았던 것으로 기억한다.

나는 해외에 국빈 방문할 때면 외교 무대에서 의상을 통해 상대국에 대한 존중과 예의를 담을 수 있다고 생각했다. 이 때문에 어떤 나라를 방문할 때면 그 나라가 좋아하는 색과 내 옷의 색상을 맞추는 방식으로 거리감을 좁히려 노력했다.

루싸리를 착용한 것도 그런 이유에서였다. 외교라는 것은 결국 나라와 나라가 가까워지기 위한 것인데, 상대국이 소중하게 생각한 전통을 존중한다는 것을 옷으로도 표현해보고 싶었다.

실제로 공항이나 행사장에서 만난 이란 측 정부 인사나 국민들은 루싸리를 착용한 내 모습을 보고 환하게 웃으며 호의

2016년 5월 2일 이란을 국빈 방문했을 때.

적인 반응을 보였다.

한국 대통령이 이란을 방문한 것은 1962년 수교 이래 처음 있는 일이었다. 비이슬람권 국가 여성 지도자의 이란 방문은 1979년 이슬람 혁명 이후 처음이기도 했다. 이란은 관습을 중요시하는 국가였다. 남녀 간의 악수를 철저하게 금지했고, 이에 따라 공항에 영접 나온 이란 측 인사와 악수 대신 목례를 나눴다.

이란 방문에 동행했던 '경제사절단'도 가는 곳마다 화제를 뿌렸다. 최태원 SK그룹 회장, 권오준 포스코 회장, 구자열 LS그룹 회장 등 236명의 경제사절단이 동행했는데, 역대 순방 중 최대 규모였다. 규모만 최대가 아니었다. 이란 방문 직후 66건의 양해각서(MOU)를 체결해 52조 원가량의 수주 발판을 마련하는 경제외교 성과를 올렸다.

•

아프리카

재임 기간 중에 아프리카 외교에 공을 들인 것도 뿌듯한 기억으로 남아있다. 2016년 5~6월 나는 에티오피아·우간다·케냐 등 아프리카 3국을 방문했다. 내가 아프리카에 간다는 소식이 알려지자 국내에서는 "웬 아프리카?" 하고 의아하다는 반응이 많았다. 하지만 내 생각은 달랐다.

아프리카는 표면적인 국력이나 경제 상황이 좋지 않을 뿐, 광활하고 굉장히 잠재력이 많은 대륙이다. 일단 경제 협력을 시작하면 아프리카와 한국 기업 모두 '윈-윈' 할 수 있는 여건이 조성돼 있었다. 아프리카의 잠재력과 한국의 노하우가 융합할 수 있는 각종 사업이 진척되면 경제적 이득이 상당할 것이라는 전문가들의 조언을 많이 들었다.

요웨리 무세베니 우간다 대통령과의 친근한 관계도 아프리카 방문에 한몫했다. 무세베니 대통령은 내 임기 초반인 2013년 5월 29일 2박 3일 일정으로 방한했는데, 그 이후 국제 행사에서 나를 볼 때마다 붙잡고 이야기했다.

"지난번 환대에 보답하고 싶고, 논의할 것도 많은데 꼭 우간다를 방문해 주십시오. 언제 오실 겁니까."

우간다 외에도 에티오피아는 아프리카 연합 본부가 있을 뿐 아니라 6·25 한국전쟁에 참전한 국가여서 꼭 방문해보고 싶었다. 케냐 역시 1964년 한국과 수교한 이래 꾸준히 우호 협력 관계를 유지해온 나라였다.

결국 나는 아프리카 3국을 방문하기로 결심했다. 경제 협력 외에도 북핵 문제 해결에 아프리카 국가들과 깊은 대화를 나누고, 지지를 얻어내기 위해서였다.

전통적으로 아프리카 국가들은 북한과 밀접한 관계를 유지해왔다. 북한은 과거부터 아프리카 국가의 경찰 및 군사 훈련을 지원하고 교관 인력을 파견해왔다. 또 각종 체제 선전용 동상을 제작해주거나 병원 건물 건설을 지원하면서 우방국의 지위를 굳혔다. 하지만 나는 북한이 핵실험으로 국제사회의 질서를 교란하는 상황에서, 아프리카 국가들을 설득하면 이런 구도를 충분히 바꿀 수 있다고 생각했다.

2016년 5월 29일 오랜 비행 끝에 우간다 수도 캄팔라를 찾아 무세베니 대통령과 정상회담을 했다. 나는 우간다의 도로 및 기반 시설 건설에 우리 기업이 참여하는 방안을 논의하면서, 북핵 문제에 대한 지원을 요청했다. 귀국 후 무세베니 대통령이 북한과의 안보·군사·경찰 분야 협력을 중단했다는 보고를 받았다.

당시 우간다 현지에는 50명가량의 북한 측 군·경 훈련 교관이 머무르고 있었는데, 무세베니 대통령의 선언 후 북한으로 출국했다고 한다. 이후 인접한 아프리카 국가들이 연이어 북한과 단교를 선언하면서 북한이 경제·정치적인 타격을 입었다는 보고를 받았다. 국제 관계는 다양한 국가와 연대를 모색할 때 힘이 세진다는 것을 실감했다.

이후 탄핵으로 대통령직에서 물러나고 구속 수감됐을 때에도 내 마음 한구석에는 이들 아프리카 국가에 대한 궁금증과 아쉬움이 자리 잡고 있었다. 내 몸 하나 건사하기가 쉽지 않은 상황이었는데도, 이런 생각이 문득 들곤 했다.

"그때 북한과의 관계를 단절한 아프리카 국가들이 한국과 여전히 긴밀하게 협력을 잘하고 있을까."

지금도 아프리카 국가를 떠올릴 때면 탄핵으로 외교적 관계 발전을 확실하게 매듭짓지 못한 데 대한 마음의 짐이 남아 있

다. 이 기회를 빌려 국제사회에서 한국에 열렬한 지지를 보내
준 아프리카 국가들에 감사의 뜻을 표한다.

(2권에서 계속)

어둠을 지나 미래로

박근혜 회고록 1

초판 1쇄 2024년 2월 5일
　　 3쇄 2024년 2월 10일

지은이 | 박근혜

발행인 | 박장희
대표이사·제작총괄 | 정철근
본부장 | 이정아
편집장 | 조한별

기획위원 | 박정호

마케팅 | 김주희 박화인 이현지 한륜아

기획 | 중앙일보 The Joongang Plus
진행 | 중앙일보 특별취재팀 김정하 유성운 손국희
표지사진 | 권혁재
내지사진 | 중앙포토
별지사진 | 저자 소장본(복사 촬영 중앙일보에스 사진팀 최영재)

발행처 | 중앙일보에스(주)
주소 | (03909) 서울시 마포구 상암산로 48-6
등록 | 2008년 1월 25일 제2014-000178호
문의 | jbooks@joongang.co.kr
홈페이지 | jbooks.joins.com
네이버 포스트 | post.naver.com/joongangbooks
인스타그램 | @j__books

ISBN 978-89-278-1251-7 03340

중앙북스는 중앙일보에스(주)의 단행본 출판 브랜드입니다.

옛 사진들

어린 시절

마루에 걸터 앉아 있는 어린 시절의 내 모습. 왼쪽에 놓인 어른 고무신이 커 보인다.

아주 어렸던 시절 곱게 차려입고 가족과
나간 나들이에서 꽃을 바라보고 있는 나.

1950년대 자택 마루에서 유아 시
절의 나를 품에 안고 있는 아버지
의 모습.

학창 시절

고등학생 시절인 1960년대 말 야외
에서 기타를 치고 있는 나.

성심여고 재학 시절 열린 체육대회
에서 친구들과 소프트볼 경기를 하
고 있다.

1962년 5월 2일 산업박람회장을 방
문해 출품된 피아노를 연주하고 있
는 아버지.

1962년 4월 17일 서울운동장에서 열린 연식 야구대회에서 공을 던지고 있는 아버지 당시 최고회의 의장의 모습. 아버지는 최고회의팀의 2번 타자였고, 상대는 대법원팀이었다.

1965년 5월 방미 당시 미국 측이 제공한 미 대통령 전용기에서 기념 사진을 찍은 부모님.

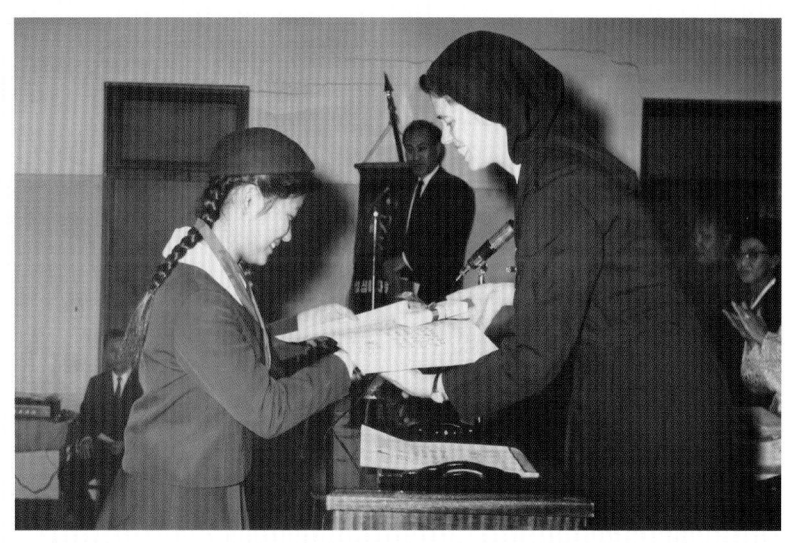

1969년 1월 31일 성심여고 졸업식에서 졸업장과 상품을 받고 있다.

서강대생이던 1970년대 초 학생들과 함께 어울려 배구를 하고 있다.

대학생 시절 진해 휴양소에서.

어머니와의 한때.

1970년대 서강대 재학 시절
학내 바자회 행사에 참여하고
있는 모습.

1974년 서강대 졸업식에서 졸업장을 받고 있다. 당시 전자공학과를 수석 졸업했다.

1970년대 한 휴가지에서 풍경을 바라보며 그림을 그리고 있는 아버지의 모습.

1972년 6월 23일 서울 경복궁 경회루에서 어머니는 당신이 주최한 양지회 자선행사 연회장에 참석한 아버지를 영접했다.

청와대 마당에서 강아지 '방울이'를 쓰다듬고 있는 아버지의 모습.

1970년 5월 서울 경회루에서 열린 걸스카우트 창립 24주년 기념식. 아버지는 축하 케이크를 보고 활짝 웃는 어머니를 바라보며 박수를 치셨다.

크리스마스를 앞둔 1975년 12월 20일 아버지는 청와대 뒤뜰에서 눈사람을 만드셨다.

영애 & 퍼스트레이디 시절

1970년대 청와대 접견실에서 AFKN(American Forces Korean Network, 주한미군 방송) 방송에 출연해서 관계자와 이야기를 나눴다.

퍼스트레이디로서 기자들과 대화를 나눌 일이 많았다. 1978년 9월 7일 청와대에서 해외 여류 작가들을 초청해 간담회를 한 일도 생생한 기억으로 남아 있다.

1970년대 청와대에서 어머니 초상화를 가운데 두고 아버지와 함께 사진을 찍었다.

어머니를 대신해 퍼스트레이디 역할을 했던 나는 청와대 접견실에서 많은 해외 인사들과 접견했다.

1976년 8월 18일 북한군 도끼만행 사건 당시 피살된 보니파스 대위의 미망인 마르시아 보니파스 여사와 가족을 1978년 8월 청와대로 초청해 위로했다.

1970년대 연예인들과의 간담회에서. 송해, 강부자, 구봉서, 남보원 등 유명 연예인들이 이 자리에 참석했다.

1978년 8월 1일 청와대에서 열린 언론인 초청 행사에서 탁구를 치던 한때.

1978년 10월 31일 아버지께서 청와대에서 내가 쉽게 턱을 올라올 수 있도록 긴 대나무 막대를 건네셨다.

1979년 4월 5일 식목일을 맞아 경기도 성남 하산운 동산에서 아버지와 함께 나무를 심었다.

1979년 8월 3일 설악산에서 아버지와.

1979년 6월 19일 한국을 방문한 후쿠다 다케오 일본 전 총리 환영 행사에서 대화를 나누고 있는 아버지와 나의 모습. 오른쪽은 후쿠다 전 총리의 배우자인 후쿠다 미에 여사.

1979년 11월 3일 서울 중앙청 앞마당에서 국장으로 치러진 아버지 영결식. 왼쪽은 육사 생도였던 박지만 EG그룹 회장.

1990년대 정계 입문 전의 시기. 내가 가장 좋아하는 취미는 십자수였다.

정치 입문 전 아버지의 마지막 행사장이었던 삽교천을 방문한 모습.